Liebe Assistentin, liebe Sekretärin,

bei Ihnen im Sekretariat geht es immer hoch her: Es gibt viel Arbeit, Chefs und Kollegen gehen ein und aus … Da kommt es schon mal vor, dass jemand nicht auf den guten Ton achtet oder sogar absichtlich daneben greift, um Sie zu verletzen oder zu provozieren, und Ihr Chef Sätze sagt wie „Na, heute mal wieder einen Urlaubstag, ich bin ja fast den kompletten Tag über im Meeting?" Sie stehen mit offenem Mund da und Ihr Chef ist schon wieder verschwunden, als Ihnen endlich die passende Antwort einfällt. Jetzt ärgern Sie sich, dass Sie nicht sofort selbstbewusst gekontert haben! Solche Situationen kennt doch jeder!

Claudia Marbach, Chefredakteurin und Sekretärinnen-Trainerin

Vielleicht hat Ihr Chef sein unverschämtes Verhalten nicht einmal bemerkt. Aber trotzdem versetzt Sie die eigene Sprachlosigkeit in einer solchen Situation in Unmut, denn Sie hätten Ihren Chef auf sein Verhalten hinweisen und gar höflich, aber bestimmt, in die Schranken verweisen sollen.

Einfach ist es nicht, immer auf alle möglichen Unverschämtheiten passend und wirkungsvoll zu reagieren, um sich später nicht über die eigene Sprachlosigkeit ärgern zu müssen. Man kann Schlagfertigkeit, die wir dafür brauchen, aber üben. Denn Übung macht den Meister.

Mit diesem Ratgeber können Sie sich gezielt auf die unterschiedlichen Cheftypen und bestimmte Situationen vorbereiten sowie Ihre Reaktionen trainieren, um jederzeit schlagfertig kontern oder Verbalattacken sogar komplett vermeiden zu können.

Damit Sie sich nie mehr über Ihren fehlenden Gegenschlag ärgern!

Viel Erfolg für schlagfertige Reaktionen wünscht Ihnen

Ihre

Claudia Marbach

Claudia Marbach

Inhalt

Chef- und Kollegentypen

Schwierige Menschen gibt's reichlich – So wissen Sie, wie Sie mit jedem individuell umgehen müssen 3

7 Cheftypen 3

7 Mitarbeiter- und Kollegentypen. 6

17 typische Angriffe, die häufig vorkommen

17 typische Situationen, in denen Ihre Schlagfertigkeit gefragt ist 8

Prävention von Angriffen und Konflikten

Das können Sie tun, um Angriffe im Vorfeld zu verhindern. 37

Darum sollten Sie die Tricks der männlichen Kollegen kennen 37

So gehen Sie selbst mit schwierigen Gesprächspartnern souverän um 54

Vermeiden Sie Konflikte mit Kollegen 67

Schlagfertig gegen den Angriff wehren

Wenn es doch zum Angriff kommt – So verhalten Sie sich richtig und schlagfertig. 73

Wie Sie souverän auf Manipulationen und Angriffe reagieren 73

Die besondere Situation: Aggressive Anrufer am Telefon 88

Chef- und Kollegentypen

Schwierige Menschen gibt's reichlich – So wissen Sie, wie Sie mit jedem individuell umgehen müssen

Macken haben wir alle, manche aber vielleicht mehr als andere. Schwierige Charaktere halten uns auf Trab. Wir zeigen Ihnen Mittel und Wege, wie Sie schwierige Situationen in den Griff bekommen oder sie gar vermeiden können. Dies kann auf ganz unterschiedliche Weise geschehen: Manchmal ist es sinnvoll, es zu thematisieren, und manches Mal, eher die Fäden im Hintergrund zu ziehen. Es hängt davon ab, wie groß diese Macken der Menschen, mit denen Sie zusammenarbeiten, sind und ob Sie unter diesen schlechten Angewohnheiten zu leiden haben. Dafür ist es zunächst hilfreich, zu erkennen, mit welchem Typ Chef oder Kollege Sie es zu tun haben. Auf diese Cheftypen können Sie üblicherweise treffen:

Ihre passende Reaktion

7 Cheftypen

Macht hat Einfluss auf einen Menschen. Nachfolgend finden Sie die wohl eindeutigsten Cheftypen, die als „schwer zu handhaben" gelten, und die uns manchmal den Alltag erschweren.

Abhängig vom Menschentyp

1. Der Choleriker

Dieser so genannte Hitzkopf wurde schon in der Antike charakterisiert. Das griechische Wort „Cholerik" bedeutet „Galle". Daher wird dieser Typ als leicht reizbar, aufbrausend, jähzornig, unbeherrscht, unausgeglichen und egozentrisch beschrieben. Darüber hinaus stehen im Zusammenhang mit diesem Typus Mensch aber auch Eigenschaften, die durchaus positiv zu bewerten sind: Furchtlosigkeit, Willensstärke und Entschlossenheit zeichnen ihn aus und bahnen ihm seinen Weg.

Der Unbeherrschte

Chef- und Kollegentypen

2. Der Hektiker

Der Unruhe verbreitende

Es ist nicht nur dem Leistungs- oder Zeitdruck zuzuschreiben, dass so viele Hektiker unter uns weilen. Vielmehr stecken innere Unruhe und Überforderung dahinter. Er ist ein emsiger Zeitgenosse. Wo er geht und steht, versetzt er seine Mitmenschen in Aufruhr, ist förmlich aufgeregt und macht uns oft ganz verrückt.

3. Der Chaot

Ohne Regeln

Oft ist ein Hektiker ein Chaot, aber nicht immer ist ein Chaot auch ein Hektiker. Schon die Griechen waren der Überzeugung, dass das Chaos der Urzustand der Welt ist. Demzufolge hält der Chaot an den Ursprüngen unserer Natur fest und legt keinen Wert auf Ordnung. Er ist ein Mensch, der sich nicht gern an Regeln hält, ein gewisses Maß an Freiheit braucht, um ein Gefühl von Autonomie zu verspüren.

4. Der Autoritäre

Der deutsch-amerikanische Psychoanalytiker Erich Fromm führt den autoritären Charakter auf die Erziehung und die Angst vor dem Streben nach Freiheit und Gerechtigkeit zurück. Dieser soziale Charakter entwickelt sich durch typische Grunderlebnisse innerhalb der Familie und passt sich den gesellschaftlichen Verhältnissen an. Daher lehnt der Autoritäre fremde Menschen meist ab, vor allem fremde Sitten. Er selbst bewundert Autoritätspersonen und orientiert sich an Macht und Gehorsam aus eben diesen Gründen.

5. Der Harmoniebedürftige

„Harmonia" kommt aus dem Griechischen und heißt Zusammenfügung; im Indogermanischen bedeutet es „die

Chef- und Kollegentypen

Vereinigung von Entgegengesetztem zu einem Ganzen". Der harmoniebedürftige Chef liebt flache Hierarchien und schätzt den Austausch mit seinen Mitarbeitern auf Augenhöhe. Nähe ist für diesen Typ von Chef ein wichtiger Begriff. Er braucht den Kontakt zu seinen Mitmenschen und deren Bestätigung. Daraus zieht er seine Kraft. Er scheut Risiko und Auseinandersetzungen. Da er starke Persönlichkeiten bewundert, sucht er nach deren Nähe und Anerkennung.

Der Kontaktsuchende

6. Der Perfektionist

Das Wort „perfekt" kommt aus dem Lateinischen: „perfectus" heißt vollendet. Jene Menschen, die fehlerfrei, makellos, mustergültig, ja gar meisterhaft sind oder danach streben, nennen wir Perfektionisten. Durch hohe Erwartungshaltungen in der Erziehung oder durch Selbstzweifel an Leistung geprägt, entwickelt sich der Perfektionismus im Laufe des Berufslebens weiter. Diese Menschen unterliegen ständiger Bewertung und wenn es nur durch sie selbst ist. Durch den übertriebenen Zwang, alles perfekt zu machen, entsteht aus Überforderung und Stress schnell auch ein Burnout-Syndrom. Sie können nur schwer etwas genießen und sind selten gelassen.

Die 100-%-Person

7. Der Narzisst

Das Wort „Narzisst" entstammt der Sexualwissenschaft des 19. Jahrhunderts. Die beruft sich dabei auf eine griechische Sage, in der sich der schöne Jüngling „Narkissos" in sein eigenes Spiegelbild verliebte. Im Duden definiert man es sogar als „erotisch auf sich selbst bezogen". Der Narzisst muss sich abheben, will unerreichbar und immer besser sein als andere. Gründe für das Verlangen nach Anerkennung sind ein Defizit an Aufmerksam-

Ich, ich und noch mal ich

Chef- und Kollegentypen

keit oder Neid. Deshalb greift er oft zu Notlügen und Übertreibungen.

Was verlangt Ihr Job?

Die Realität sieht so aus: „Was Hänschen nicht lernt, lernt Hans nimmermehr." Fragen Sie sich immer, was Sie an Ihrem Verhalten verändern könnten, damit Ihr Chef anders als bisher auf Sie reagiert.

7 Mitarbeiter- und Kollegentypen

In jedem Team gibt es teamfähige und weniger teamfähige Mitarbeiter. Schwierige Mitarbeiter verursachen natürlich häufiger Konflikte. Trotzdem braucht Ihr Chef sie, weil sie z. B. über wichtige Fachkompetenzen verfügen, auf die er angewiesen ist.

Mit der richtigen Einschätzung Konflikte vermeiden

Die im Folgenden beschriebenen Mitarbeitertypen sind nicht generell schwierige Menschentypen. Wenn Sie wissen, mit welchen Persönlichkeiten Sie gut oder weniger gut zusammenarbeiten können, können Sie viele Auseinandersetzungen bereits im Vorfeld abwenden und im Konfliktfall erfolgreicher eingreifen.

1. Der Bürokrat und Pedant

Für ihn ist die Welt in Ordnung, wenn alles nach Gesetzen, Normen und Richtlinien verläuft. Er hat ein übersteigertes Sicherheitsbedürfnis, überprüft deshalb seine Ergebnisse mehrmals und arbeitet ohne Gefühl für Effizienz und Produktivität. Er hat große Angst vor Veränderungen. Als Sicherheitsbeauftragter, Buchhalter, Spezialist für den Datenschutz und für alle Aufgaben, die Gesetzes- und Normentreue verlangen, ist er hervorragend geeignet.

Chef- und Kollegentypen

2. Der Choleriker

Auch wenn er ein hervorragender und unter dem Strich umgänglicher Mitarbeiter ist – seine cholerischen Anfälle, die ihn hin und wieder überfallen, sind krankhaft. Er hat sie nicht unter Kontrolle.

3. Das Großmaul

Er kann alles, weiß alles, macht alles besser. In Konferenzen und Meetings führt er das große Wort. Er macht oft Versprechungen, was er alles in welcher Zeit locker schafft, hält aber dann nicht Wort.

4. Der ehrgeizige Macher

Er ist der Motor des Teams, arbeitet hart, ist ziel- und ergebnisorientiert und fordert viel von sich, aber auch von anderen. Die Leistung der Kollegen misst er an seinen eigenen hochgesteckten Zielen. Er will mit aller Macht Karriere machen und wird dazu auch seine Ellbogen ohne Rücksicht einsetzen. Ohnmacht, Tatenlosigkeit und Passivität sind für ihn unerträglich.

5. Der Intrigant

Er ist die Giftspinne im Team, die still und heimlich ihre Fäden webt: Gerüchte, Anschuldigungen hinter dem Rücken, Meinungsmache.

6. Das Opfer

Es ist das „Lamm", dem nur Unrecht geschieht. Sein Selbstvertrauen ist gering.

7. Der Kreative

Der Kreative lebt für die Aufgabe, für das kreative Jetzt und ist nicht unbedingt zielorientiert.

17 typische Angriffe, die häufig vorkommen

17 typische Situationen, in denen Ihre Schlagfertigkeit gefragt ist

In einem Sekretariat gibt es viel zu tun, es treffen viele Menschen aufeinander und es geht oft hoch her. Wir schildern Ihnen in diesem Kapitel 17 typische Situationen, in denen häufig Angriffe und Konflikte entstehen und die daher Ihre Schlagfertigkeit auf die Probe stellen – damit Sie nicht den „Kürzeren ziehen" und sich später ärgern, dass Sie sich nicht angemessen gewehrt haben.

17 Beispiele aus der Praxis und ihre Lösungen

1. Kollege delegiert Arbeiten an mich, für die ich nicht zuständig bin

Beispiel:

Klaus, Sachbearbeiter für Arbeitsstatistik, delegiert immer mehr von seiner Datenbankpflege an die Teamassistentin Petra. Die fühlt sich nicht zuständig, und Zeit hat sie dafür auch nicht.

Besser sofort eine Absage erteilen

Je früher Petra hierzu „Nein" sagt und deutlich macht, dass sie nicht zuständig sei, desto besser. So kann Petra ihre Absage formulieren:

> „Klaus, die Pflege der Datenbanken fällt nicht in meinen Aufgabenbereich. Als Statistiker solltest du deine Datenbanken selbst pflegen. Nur so hast du immer den Überblick, ob in der Produktion alles rund läuft, und kannst einschreiten, wenn nötig."

Begründen Sie ein „Nein" immer sachlich. Das Argument, dass der Statistiker Überblick über seine Statistiken braucht, ist viel besser als etwa der Satz: „Ich habe keine Zeit."

17 typische Angriffe, die häufig vorkommen

Aber, was tun, wenn Klaus sagt: „Als Teamassistentin bist du sehr wohl zuständig. Du musst das Team entlasten." Dann sollte Petra ihren Chef hinzuziehen. Die Entscheidung liegt dann bei ihm, und es wird ihn sicher interessieren, wenn die Assistentin dauerhaft viele Stunden pro Woche an Sachbearbeiteraufgaben übernehmen soll.

Führen Sie für solch ein Gespräch mit Ihrem Chef am besten eine Liste über Umfang und Dauer der Arbeiten. Dann kann sich Ihr Kollege nicht mit „Ach, das war doch nur zwei-, dreimal" herausreden.

2. Kollegin macht ihre Arbeit schlecht, alles bleibt an mir hängen

> **Beispiel:**
>
> *Cornelia hat vor einiger Zeit Verstärkung im Sekretariat bekommen. Leider arbeitet Tamara sehr schlampig. Es gibt nur selten einen Brief oder eine Statistik, die Cornelia nicht noch überarbeitet, bevor die zum Chef gehen. Cornelia ist genervt. Sie findet, dass alles an ihr hängen bleibt.*

Cornelia ist nicht verpflichtet, Tamaras Arbeiten „zu retten". Jede Sekretärin ist für ihre Aufgaben selbst verantwortlich – und muss dann für ihre Fehler geradestehen.

Cornelia sollte die Verantwortung in folgenden Schritten an Tamara zurückgeben:

Ihre Reaktion in einem solchen Fall

- **Problem ansprechen**
Cornelia sollte mit Tamara darüber reden, dass sie deren Arbeiten ständig prüft und nachbessert. Sie sollte ihr ein paar konkrete Beispiele vorlegen. Das kann ein fehlerhafter und inhaltlich mangelhafter Brief in der Vorher- und Nachherversion sein oder ein Brief, der nicht nach

17 typische Angriffe, die häufig vorkommen

den DIN-Richtlinien geschrieben ist. Sie sollte Tamara darüber informieren, wie viel Zeit sie täglich mit der Korrektur und Nachbesserung verbringt.

- **Verantwortung abgeben**
Cornelia sollte betonen, dass sie ab sofort keine Nachbesserungen mehr vornehmen wird und Tamara ab sofort selbst zuständig ist.

- **Im Gespräch bleiben**
Cornelia sollte Tamara anbieten, sich weiterhin bei Fragen an sie zu wenden. Vielleicht hat Tamara einfach noch nie etwas von der DIN gehört. Wahrscheinlich wird Tamara sofort sorgfältiger arbeiten.

3. Kollege macht zweideutige, anzügliche Bemerkungen

Beispiel:

„Na, wieder müde? War's letzte Nacht im Bett mal wieder anstrengend?" Solche blöden Sprüche kriegt Annette immer wieder von ihrem Kollegen Thorsten zu hören. Sie fühlt sich belästigt.

Was Annette hier erlebt, ist in der Tat verbale sexuelle Belästigung. Sexuelle Belästigungen sind immer Grund für eine Abmahnung. Dabei spielt es keine Rolle, ob Thorsten Annette begrapscht oder sie nur mit Worten belästigt.

Wehren Sie sich

Annette sollte ein für alle Mal klarstellen, dass Sie solche anzüglichen Bemerkungen nicht hören will. Bei der nächsten Gelegenheit sollte sie deutlich und entschlossen Folgendes sagen:

17 typische Angriffe, die häufig vorkommen

> „Thorsten, ich will nicht, dass du solche Bemerkungen machst. Hör damit auf!"

Für den Fall, dass Thorsten etwas sagen sollte wie „Ach stell dich nicht so an, das ist doch verklemmt", dann sollte Annette seine Worte aufgreifen, ohne ihn anzugreifen:

> „Du sagst, das sei verklemmt. Mir sind diese Bemerkungen unangenehm. Also, lass das!"

Es ist sehr unwahrscheinlich, dass Thorsten Annette noch einmal verbal belästigen wird. Falls doch, dann sollte sie sich an ihren Chef, den Betriebsrat oder die Personalabteilung wenden. Spätestens, wenn Thorsten eine Abmahnung erhält, wird der Fall erledigt sein.

Tappen auch Sie nicht in die Fürsorgefalle! Vielleicht denken Sie: „So schlimm, dass man dafür eine Abmahnung bekommen muss, war das ja nun wirklich nicht." Aber wenn ein Kollege wiederholt Ihre Privatsphäre verletzt und Ihre eindeutig geäußerten Wünsche, dies zu unterlassen, ignoriert, dann liegt ein schweres Fehlverhalten vor. Wahrscheinlich wären Sie nicht die Einzige, die sich belästigt fühlt. Also trauen Sie sich gegebenenfalls, etwas zu unternehmen.

Keine Fürsorge zeigen

4. Kollegin ist distanzlos und will ständig über sehr private Dinge sprechen

Beispiel:

Lisa arbeitet mit Inge in einem Sekretariat. Inge will mit Lisa ständig über Paarprobleme und andere ähnliche Themen sprechen, die Lisa viel zu persönlich und zu privat sind.

17 typische Angriffe, die häufig vorkommen

Je früher Lisa sagt, dass sie mehr Distanz wünscht, desto geringer ist die Wahrscheinlichkeit, dass Inge beleidigt ist.

Sofort reagieren

Wenn Inge das nächste Mal eine Frage stellt oder von privaten Problemen erzählt, die Lisa zu persönlich sind, sollte sie sagen:

> „Inge, das geht mir zu weit. Das ist mir zu persönlich."

Wenn Inge trotzdem nicht aufhört, immer wieder im Detail über Privates zu reden, sollte Lisa ganz konkret sagen, dass sie das nicht möchte:

> „Inge, ich schätze dich als Kollegin sehr. Dass du über dein Privatleben sprichst, zeigt, dass du mir vertraust. Aber mir ist das zu persönlich und unangenehm. Ich hoffe, das ist okay für dich, wenn wir nicht mehr über diese Dinge sprechen".

5. Kollegin redet mit mir gar nicht privat

Beispiel:

Sabrina arbeitet mit Astrid zusammen. Die redet mit der Kollegin ausschließlich über sachliche Bürothemen. Über Privates spricht sie nicht, und wenn Sabrina mal eine private Frage stellt, zum Beispiel, ob es Astrid gestern im Konzert gefallen habe, antwortet die nur ganz kurz angebunden. Sabrina empfindet das als unangenehm.

Die beiden Sekretärinnen haben unterschiedliche Bedürfnisse. Sabrina möchte sich bei der Arbeit auch privat austauschen, Astrid mag das nicht.

17 typische Angriffe, die häufig vorkommen

Dass Astrid über private Dinge nicht reden will, bedeutet nicht, dass sie Sabrina nicht mag. Wenn der berufliche Informationsfluss gut läuft und Astrid zu Sabrina sonst freundlich ist, ist insoweit alles in Ordnung.

Vielleicht hat Astrid schon einmal schlechte Erfahrungen mit einer Kollegin gemacht, die alles weitergetratscht hat. Sabrina sollte sich an das private Schweigen einfach gewöhnen. Vielleicht taut Astrid mit der Zeit auf, wenn sie Vertrauen gefasst hat.

6. Kollegin macht aus „jeder Mücke einen Elefanten" und regt sich furchtbar auf

Beispiel:

Andrea neigt zu plötzlichen Wutanfällen, wenn etwas mal nicht klappt. Als Christine ihr berichtet, dass die Grafikerin einen Tag länger braucht, um den Entwurf für die Homepage fertig zu stellen, sieht Andrea schon wieder das gesamte Projekt den Bach runtergehen und schimpft vor sich hin. Für Christine ist das lästig.

Zunächst einmal sollte Christine zulassen, dass sich Andrea „in Ruhe ärgert". Wahrscheinlich wird sie sich noch mehr aufregen, wenn sie sofort von Christine unterbrochen wird.

Nach ein paar Minuten kann Christine sagen:

„Immerhin wissen wir jetzt sicher, dass der Entwurf am Freitag kommt. Das ist noch rechtzeitig!"

Wenn der Entwurf der Homepage doch schon etwas dringender war, also ein bisschen mehr ist als eine „Mücke", kann Christine noch einen Tipp geben:

17 typische Angriffe, die häufig vorkommen

„Andrea – wenn du Herrn Poletti eine kurze E-Mail schreibst, dass der Entwurf am Freitag kommt, ist er bestimmt nicht sauer. Du kannst dafür schließlich nichts."

Unser Tipp: Der Satz *„Dafür kannst du nichts"* wirkt oft außerordentlich beruhigend. Vielleicht hatte Andrea nur Angst, dass Herr Poletti verärgert ist.

Wer zu Wutanfällen neigt, regt sich gern über Dinge auf, die sich nicht ändern lassen. Dann kann Christine nach der akuten Ärger-raus-Phase sagen:

- *„Das entscheiden andere. Es lohnt sich nicht, sich da weiter aufzuregen."*

Oder:

- *„Es gibt da so eine alte Weisheit: Rege dich nicht über Dinge auf, die du nicht ändern kannst."*

Ihre Tipps für die wütende Kollegin

Wenn auch Sie mal bemerken, dass eine Kollegin etwas gegen ihren ständigen Ärger tun will, unterstützen Sie sie. Empfehlen Sie ihr zum Beispiel, kurz auf die Toilette zu gehen und ein Papierhandtuch zu zerknüllen. Dabei kann man sich hervorragend abreagieren. Sie können ruhig sagen: *„Das mache ich auch so."*

Fordern Sie den kostenlosen Sekretärinnen-Newsletter an unter
www.sekada-daily.de

17 typische Angriffe, die häufig vorkommen

7. Kollegin ist immer gleich beleidigt

Beispiel:

Ute hat sich als freiwillige Helferin für das Catering beim Neujahrsempfang des Unternehmens gemeldet. Wenige Tage vor dem Empfang teilt Brigitte ihr mit, dass das Orgateam sie dieses Jahr doch nicht braucht. Ute ist sofort beleidigt und schmollt vor sich hin: „Da melde ich mich freiwillig, und das ist der Dank ..." Es ist nicht das erste Mal, dass Ute grundlos beleidigt reagiert.

Ute hat keinen Grund, beleidigt zu sein. Es spricht sogar ganz allgemein für den Teamgeist im Unternehmen, dass sich mehr Freiwillige gemeldet haben als nötig.

Wer sich ständig wegen Kleinigkeiten abgelehnt fühlt, hat meist schon einige schlechte Erfahrungen gemacht, und sein Selbstbewusstsein hat gelitten.

Bauen auch Sie solche „Mimosen" auf, indem Sie ihnen ein bisschen Zuwendung schenken. Damit unterstützen Sie sie dabei, nicht alles persönlich zu nehmen und mehr Selbstbewusstsein zu entwickeln. **Zeigen Sie Zuwendung**

In diesem Fall kann Brigitte zum Beispiel sagen:

> „Na hoppla, da haben wir eben mehr Freiwillige, als wir brauchen. Die Organisatoren sind dir sicher trotzdem dankbar, dass du dich gemeldet hattest. Jetzt hast du dafür mehr Zeit, das Fest zu genießen und mit Kunden ins Gespräch zu kommen."

Mimosen freuen sich auch sehr darüber, wenn man sie immer wieder mal um Rat fragt. Daran merken sie, dass ihr Wissen und ihre Erfahrungen gefragt sind.

17 typische Angriffe, die häufig vorkommen

8. Kollegin lästert über mich

> **Beispiel:**
>
> *Die Exportassistentin Alexandra erfährt zufällig, dass die Kollegin Verena über sie lästert: „Ach, die Alexandra hat doch nicht mal einen Freund. Kein Wunder, dass die immer Zeit für Sprachkurse hatte. Ich bezweifle, dass so ein Single teamfähig ist."*

Meistens sind Menschen, die lästern, einfach nur neidisch. Sie blamieren sich selbst durch ihr unsachliches Geläster.

Greifen Sie bei Lästereien ein

Alexandra sollte die Lästerei trotzdem nicht auf sich beruhen lassen. Verena vergiftet mit ihrem Geschwätz schließlich das Betriebsklima. Wenn sie lang und ausdauernd lästert, kann es sein, dass Alexandra die üble Nachrede schadet.

Alexandra sollte unter vier Augen mit Verena sprechen und sie informieren, dass sie über ihr Geläster im Bilde sei:

> „Ich weiß, dass du über mich lästerst. Ich möchte, dass du sofort damit aufhörst."

Alexandra sollte den Namen ihrer Informanten nicht nennen, um diese zu schützen. Wahrscheinlich hat Verena nicht nur einer Person gegenüber gelästert.

Falls Verena alles abstreitet, sollte Alexandra ihre Entschlossenheit unterstreichen, indem sie sagt:

> „Hör einfach damit auf."

17 typische Angriffe, die häufig vorkommen

Da Alexandra sich nicht auf eine weitere Diskussion einlässt, demonstriert sie Stärke und Entschlossenheit. Das wird die Angreiferin beeindrucken.

Auf keinen Fall sollte Alexandra auf den – ziemlich albernen – Inhalt des Gelästers eingehen. Damit würde sie sich als schwach erweisen; es ist aber wichtig, dass sie Stärke zeigt, damit das Lästern aufhört.

9. Kollegin intrigiert gegen mich

Beispiel:

Anna und Wiebke arbeiten in einem Doppelsekretariat zusammen. Anna ist neidisch, dass Wiebke ein großes konzerninternes Seminar organisieren darf. Wiebke hat Anna im Verdacht, dass sie immer wieder Anfragen und Anmeldungen verschwinden lässt, um ihr zu schaden.

In vielen Fällen können Sie Mobber auf frischer Tat ertappen. Überlegen Sie sich, ob Sie so eine Möglichkeit haben, und handeln Sie dann sofort, damit nicht weiterer Schaden entsteht.

Fortsetzung des Beispiels:

Als Anna gerade nicht am Platz ist, legt Wiebke eine Anmeldung zur Tagung, die sie bereits kopiert und in ihrer Datenbank erfasst hat, noch einmal ins Faxgerät, damit sieht es so aus, als sei das Fax eben erst angekommen. Daraufhin geht sie auf die Toilette. Als sie zurückkommt, ist Anna wieder am Platz, und die Anmeldung zur Tagung verschwunden. Die liegt zerrissen im Papierkorb des Büros nebenan.

17 typische Angriffe, die häufig vorkommen

Damit hat Wiebke einen Beweis. Jetzt sollte sie sofort mit Anna unter vier Augen sprechen:

> „Anna, ich weiß, dass du Anmeldungen zum Konzernseminar verschwinden lässt."

Beweise anführen

Falls erforderlich, zeigt sie Anna die Kopie der Anmeldung. Natürlich kann Wiebke davon ausgehen, dass Anna nicht nur einmal eine Anmeldung hat verschwinden lassen.

Wibke will der Intrigantin helfen, das Gesicht zu wahren:

> „Ich könnte jetzt zu unserem Chef gehen, und du würdest dann eine Abmahnung bekommen. Ich werde das nicht tun, wenn du sofort aufhörst, mir und damit dem gesamten Unternehmen zu schaden. Ich möchte dir diese Chance geben."

Wahrscheinlich wird Anna ab sofort nichts mehr tun, um Wiebke zu schaden. Falls sie jetzt nicht bei der Schadensbegrenzung kooperiert, also Wiebke gegenüber offenlegt, welche Anmeldungen sie hat verschwinden lassen, muss Anna ihren Chef einschalten.

Wenn es in so einem Fall für Sie keine Möglichkeit gibt, eine mutmaßliche Intrigantin schnell zu überführen, sollten Sie mit Ihrem Chef über Ihren Verdacht sprechen. Wenn Sie nichts unternehmen, machen Sie sich mitschuldig an eventuellen Folgeschäden des Mobbings.

In unserem Beispielsfall ist es gut möglich, dass einige Anfragen nicht beantwortet worden sind und plötzlich viel mehr Teilnehmer zum Seminar kommen als offiziell angemeldet.

17 typische Angriffe, die häufig vorkommen

10. Kollegin ignoriert mich/übergeht mich

Beispiel:

Sophie, neu im Sekretariat, soll der Sekretärin der Geschäftsführung, Frau Schneider, den Arbeitsbereich „Verträge" abnehmen. Aber Frau Schneider erledigt weiterhin alles allein. Wenn Sophie fragt, ob sie ihr etwas abnehmen könne, sagt sie: „Nein, jetzt gerade nicht. Der Vertrag ist kompliziert, das muss ich selbst machen."

Sophie sollte Frau Schneider einen Monat Zeit geben. Wenn sie bis dahin noch nicht eingearbeitet ist, muss sie ihren Chef informieren.

Wahrscheinlich hat Frau Schneider nur Angst vor der Konkurrenz. Sophie sollte in den ersten Tagen Vertrauen aufbauen. Sie sollte

- sich freundlich und loyal zeigen,
- sich immer wieder ins Tagesgeschäft einbringen – sie kann zum Beispiel fragen, ob sie für die Vertragsverhandlungen mit der Firma Sinuper schon mal den Tisch decken könnte –,
- die Kollegin auf konkrete Termine zur Einarbeitung festlegen, etwa so: *„Wenn Sie jetzt keine Zeit haben, können Sie mir die Arbeit an dem Lizenzvertrag heute Mittag zeigen? Um wie viel Uhr soll ich kommen?"*

Nicht gleich verbessern wollen

Verzichten Sie in der ersten Zeit in einer neuen Stelle darauf, Verbesserungsvorschläge zu machen. Das macht die Kollegin, die ihre Arbeit nicht abgeben möchte, argwöhnisch.

Loben Sie sie lieber bei Gelegenheit: *„Die Vertragsablagesystematik ist sehr logisch."*

17 typische Angriffe, die häufig vorkommen

Ehrlich sein

Wenn die Einarbeitung nicht rund läuft, sollten Sie vor Ihren Kollegen und Ihrem Chef nicht so tun, als ob dem so wäre. Sie werden dann keine Unterstützung von ihnen bekommen.

> **Beispiel:**
>
> *Sophies Chef möchte, dass sie einen Vertragsentwurf aufsetzt. Dafür gibt es eine Vorlage, aber wo diese liegt, hat Frau Schneider Sophie noch nicht erklärt. Sophie sollte jetzt antworten: „Ich übernehme die Aufgabe gern. Aber Frau Schneider hat mir noch nicht gesagt, wo die Vertragsvorlagen liegen."*

Wahrscheinlich wird Sophies Chef Frau Schneider umgehend darum bitten, ihr alles Nötige zu erklären.

Wenn Sophie nach etwa einem Monat noch immer nicht eingearbeitet ist, sollte sie zu ihrem Chef gehen. Länger zu warten wäre verantwortungslos. Ihr Chef hat schließlich ein Interesse daran, dass die Einarbeitung erfolgt, und zwar vollständig.

11. Kollege nimmt mich und meine Arbeit nicht ernst

> **Beispiel:**
>
> *Maria arbeitet am Empfang in einer Versicherung. Sie hat das Gefühl, dass der Kundenberater Volker sie nicht für voll nimmt. Als Maria in einer Teamsitzung eine Frage zur neuen Gesetzeslage einer Versicherung stellt, meint Volker nur: „Das brauchst du als Sekretärin nicht zu wissen."*

Verzichten Sie nicht auf eine Frage, die für Ihre Arbeit von Belang ist! Als Sekretärin sind Sie eine wichtige In-

17 typische Angriffe, die häufig vorkommen

formationsschnittstelle. Sie haben das Recht und die Pflicht, aktuell Bescheid zu wissen.

Sie haben sehr wohl Informationsrecht

Am besten antwortet Maria darauf – vor dem ganzen Team:

> „Mich fragen die Kunden öfter nach dem neuen Gesetz. Meistens wollen sie nur wissen, ob Altverträge davon betroffen sind. Wir machen alle eine gute Figur, wenn ich darüber Bescheid weiß und Auskunft geben kann."

Es gibt immer wieder Kollegen, die ein etwas schiefes, antiquiertes Bild von der Rolle einer Assistentin haben. Lassen Sie sich von solchen Menschen nicht einschüchtern:

- Bringen Sie sich immer wieder ins Team ein: Machen Sie gute Vorschläge, stellen Sie Fragen.
- Lassen Sie sich auf den Verteiler wichtiger Fachzeitschriften setzen.
- Sprechen Sie über Ihre Arbeit.
- Treten Sie selbstbewusst auf.
- Machen Sie deutlich, dass nur eine gut informierte Sekretärin gut repräsentieren – und ihren Chef und ihr Team professionell entlasten kann.

12. Kollegin macht permanent „zickige Schuldzuweisungen"

Beispiel:

Lena hat Barbara eine Zahl für die aktuelle Verkaufsstatistik gegeben. Die macht leider einen Zahlendreher und gibt daraufhin die Tabelle mit der falschen Zahl bei ihrem Chef ab. Als dieser den Fehler bemerkt, schimpft Barbara mit Lena: „Das wäre alles nicht passiert, wenn du mir die Zahl nicht wieder erst kurz vor knapp gegeben hättest."

17 typische Angriffe, die häufig vorkommen

Die Fehler anderer müssen Sie nicht ausbaden

Für Fehler anderer brauchen Sie nicht geradezustehen. Natürlich ist der Zahlendreher allein Barbaras Schuld!

Solche unsachlichen, „zickigen" Schuldzuweisungen sollte man nicht einfach schlucken. Es handelt sich schließlich um Aggressionen.

Meistens sind Menschen, die zu zickigen Schuldzuweisungen neigen, gerade gestresst und haben sich nicht im Griff. Sehr oft sind sie auch unzufrieden mit ihrer Arbeit an sich.

Lena sollte sofort richtigstellen, dass sie nicht schuld sei. Sie kann – vielleicht mit einer Prise Humor in der Stimme – sagen:

> „Na, den Zahlendreher hast du schon selbst gemacht. Das passiert eben mal."

Oder sie sagt ganz sachlich, wenn Sie der Kollegin die Zahl rechtzeitig gegeben hat:

> „Ich habe dir alles rechtzeitig gegeben."

Wenn auch Sie öfter stichelnde Schuldzuweisungen zu hören bekommen, sagen Sie ein für alle Mal:

> „Ich möchte nicht, dass du mich weiterhin so beschimpfst."

Wenn Sie konsequent sind, besteht die Chance, dass die Kollegin sich bessert.

17 typische Angriffe, die häufig vorkommen

13. Nicht gezahltes Weihnachtsgeld/keine Weihnachtsfeier – die Kollegen beschweren sich bei Ihnen

Gehen Sie davon aus, dass Ihr Unternehmen in diesem Jahr Weihnachtsgeld zahlt? Oder wird es auch in diesem Jahr – wie jedes Jahr – eine Weihnachtsfeier geben? Viele Unternehmen haben hier den Rotstift für Kürzungen angesetzt. Wenn Gratifikationen und Feste ausfallen, dann sorgt das häufig für Missmut bei den Mitarbeiterinnen und Mitarbeitern.

Denn die meisten gewöhnen sich natürlich an Vorteile und Annehmlichkeiten. Sollte es in diesem Jahr in Ihrem Unternehmen gar keine Weihnachtsfeier geben, kann das die Stimmung vermiesen.

Beispiel:

Bettina ist die Sekretärin des Geschäftsführers. Ihr Chef hat sich entschlossen, in diesem Jahr kein Weihnachtsgeld zu zahlen – und die Weihnachtsfeier fällt auch aus. Obwohl, und das weiß Bettina, die Zahlen in diesem Jahr gar nicht so übel waren.

Die Stimmung im Unternehmen ist schlecht – viele Mitarbeiter beschweren sich bei Bettina. Sie hat das Gefühl, zwischen allen Stühlen zu sitzen.

Sie versteht die Entscheidung ihres Chefs nicht, der ihrer Ansicht nach das Engagement der Mitarbeiter ignoriert. Sie weiß daher nicht, was Sie Ihren Kollegen sagen soll, wenn die sich bei ihr beschweren. Jeder Tag wird für sie zum Spießrutenlauf.

17 typische Angriffe, die häufig vorkommen

Diese Fehler sollten Sie vermeiden

Sollten Sie sich einmal in einer ähnlichen Situation wie Bettina befinden, lauern viele Fettnäpfchen, die Sie umgehen sollten:

1. Fallen Sie Ihrem Chef nicht in den Rücken

Loyalität zu Ihrem Chef

Egal, was Sie denken: Stimmen Sie den Mitarbeitern und Kollegen nicht zu, dass es unfair ist, dass die Mitarbeiter dieses Jahr auf alles verzichten müssen. Damit würden Sie Ihrem Chef in den Rücken fallen. Käme das raus, stünden Sie als illoyal da.

Und Sie wissen, wie schnell so etwas passiert: „Frau Meyer findet auch, dass …", und schon hängen Sie mit drin.

Vermeiden Sie auch Kommentare wie „Dabei haben wir doch so ein gutes Geschäftsjahr hinter uns gebracht." Auch das wäre eine unangebrachte Äußerung.

2. Übertriebenes und falsches Engagement

Auch wenn Sie selbst der Ansicht sind, dass Ihr Chef eine falsche Entscheidung getroffen hat – sagen Sie niemals: „Ich spreche noch einmal mit ihm." Damit begeben Sie sich voll zwischen die Fronten. Lassen Sie das. Denn so gewinnen Sie bei niemandem, wenn die Sache schief geht.

Sollten Sie Ihren Chef tatsächlich überzeugen können, rechnen Sie nicht mit Dankbarkeit – Ihrem Chef haben Sie etwas eingebrockt, was er gar nicht wollte, und einige Mitarbeiter nehmen am Ende nicht an der Weihnachtsfeier teil, weil sie sich kurzfristig etwas anderes vorgenommen oder einfach keine Lust haben.

Wie Sie es auch handhaben: Sie sind die Dumme.

17 typische Angriffe, die häufig vorkommen

So verhalten Sie sich in dieser Situation richtig

Das können Sie tun

Hören Sie den Mitarbeitern zu, die sich beklagen. Äußern Sie sich so gut wie gar nicht. Das Einzige, was Sie sagen dürfen – da Sie ja nicht die ganze Zeit stumm sein können – sind Kommentare wie: „Ja, das ist wirklich schade" oder: „Ja ich weiß, dass viele mit dem Weihnachtsgeld gerechnet haben."

Vermeiden Sie, sich selbst mit einzubeziehen. Bemerkungen wie „Ich hatte auch damit gerechnet" sind verfänglich und können zu solchen Äußerungen von Mitarbeitern führen: „Herr Chef, die Frau Meyer hat auch gesagt, dass sie mit dem Weihnachtsgeld gerechnet hatte."

Sprechen Sie Ihren Chef „heimlich" darauf an

Zu Ihren Aufgaben als Sekretärin/Assistentin gehört es auch, dass Sie Ihren Chef darauf aufmerksam machen, wenn Sie erfahren, dass Mitarbeiter unzufrieden sind. Er sollte wissen, dass seine Entscheidung, auf Weihnachtsgeld und/oder Weihnachtsfeier zu verzichten, für Unmut und vielleicht sogar Demotivation sorgt.

Beachten Sie dabei Folgendes:

- Nennen Sie nicht Namen der Kollegen, die sich bei Ihnen beschwert haben. Sollte Ihr Chef sie trotzdem wissen wollen, erklären Sie ihm, dass Ihnen auch die Loyalität zu den Kollegen wichtig ist. Wenn Sie sie „verraten", erzählt man Ihnen vielleicht nie wieder etwas. Und das ist nicht im Interesse Ihres Chefs.

- Verkneifen Sie sich ungefragte Kommentare wie „Ich finde auch, dass das unfair ist". Das ist unprofessionell.

17 typische Angriffe, die häufig vorkommen

- Versuchen Sie nicht, Ihren Chef zu einer anderen Entscheidung zu überreden. Schildern Sie ihm lediglich die Fakten.

- Fragt er Sie nach Ihrer Meinung, dürfen Sie ehrlich antworten und sagen, dass Sie seine Entscheidung ungerecht finden oder es besser fänden, er würde seine Entscheidung vor den Mitarbeitern begründen. Seien Sie ehrlich, und geben Sie ihm einen Rat, wenn er ihn hören möchte.

- Empfehlen Sie ihm, den Mitarbeitern zu erläutern, weshalb die Weihnachtsgratifikation entfällt – per Hausmitteilung oder auch persönlich – je nach Größe des Unternehmens.

14. Eine andere Abteilung verweigert die Übernahme der Notbesetzung fürs Telefon

Beispiel:

Tanja ist von ihrem Chef, dem Geschäftsführer, gebeten worden, den Notdienst zwischen Weihnachten und Neujahr zu organisieren. Da die Vertriebsabteilung nahezu geschlossen anwesend ist, spricht sie mit dem Vertriebschef, Herrn Meyerfeld, und bittet ihn, dass seine Abteilung die Telefonzentrale mit übernimmt. Für Tanja ist das „eigentlich" keine Bitte, obwohl Sie es höflicherweise so verpackt. Der Vertriebschef weigert sich prompt, seine Mitarbeiter dafür einzusetzen. Die Folge wäre: Es sind zwar Mitarbeiter im Haus, aber der Anrufer erreicht nur den Anrufbeantworter.

Tanja fühlt sich hilflos. Sie weiß nicht, wie sie sich bei Herrn Meyerfeld durchsetzen kann. Sie ist unsicher, was sie sagen darf und wie sie sich verhalten soll. Ihrem Chef

17 typische Angriffe, die häufig vorkommen

gegenüber fühlt sie sich verpflichtet, den Notdienst zu organisieren; aber eine zusätzliche Mitarbeiterin möchte sie dafür nicht einsetzen. Schließlich sind genug Kollegen anwesend, die das Telefon bedienen könnten.

Beachten Sie diese Empfehlungen, damit der Konflikt nicht eskaliert

Möglicherweise waren auch Sie schon einmal in der Situation, dass sich eine Führungskraft geweigert hat, Ihrem Wunsch oder besser Ihrer Anordnung zu folgen. Das ist eine schwierige Situation, die sehr viel Selbstvertrauen erfordert.

Damit Sie Ihre Wünsche ohne langes Diskutieren sofort durchsetzen können, beachten Sie diese Empfehlungen:

1. Prüfen Sie Ihre Formulierungen

Tanja hat ihr Anliegen als Bitte formuliert. So hat der Vertriebschef es auch verstanden. Er glaubte, er hätte die Option, „nein" zu sagen. Doch aus Tanjas Sicht bestand diese Möglichkeit nicht.

Ihre Wünsche durchsetzen

Deshalb: Wenn Sie einen Wunsch Ihres Chefs an Mitarbeiter, auch andere Führungskräfte weitergeben, formulieren Sie ihn nicht als Bitte, sondern als Aufforderung.

„Könnten" und „eventuell"? Sie sind keine Bittstellerin, und Ihr Anliegen steht nicht zur Diskussion. Formulieren Sie selbstbewusst und freundlich.

Fordern Sie den kostenlosen Sekretärinnen-Newsletter

an unter www.sekada-daily.de

17 typische Angriffe, die häufig vorkommen

So nicht	Besser so
Könnten Sie mit Ihrer Abteilung eventuell den Notdienst übernehmen?	Sind Sie bitte so nett und übernehmen Sie mit Ihrer Abteilung den Notdienst?
	Außer Ihrer Abteilung ist zwischen Weihnachten und Neujahr niemand im Haus. Organisieren Sie bitte mit Ihren Mitarbeitern, dass die Telefonzentrale besetzt ist.
	Herr Dr. Meier hat mich gebeten, den Notdienst für die Telefonzentrale zu organisieren. Da Ihre Abteilung im Haus ist, nehmen Sie sich doch bitte des Telefons an.

2. Seien Sie auf Gegenwehr vorbereitet

Sprachlosigkeit vermeiden

Sollte sich die Führungskraft wehren, sind viele Sekretärinnen/Assistentinnen erst einmal sprachlos. Plan „B" fehlt – mit so viel Gegenwehr hätten sie nicht gerechnet. Seien Sie demnächst darauf gefasst, Ihr Gegenüber mit Ihrer Reaktion zu entwaffnen.

So nicht	Besser so
„Ja, dann muss ich mal schauen, wie ich das organisiere."	„Es handelt sich nicht um eine Bitte, Herr Unwichtig. Herr Dr. Meier wünscht, dass die Telefonzentrale von anwesenden Mitarbeitern übernommen wird. Und Ihre Abteilung ist anwesend. Wenn Sie sich also darum kümmern würden, wäre ich Ihnen sehr dankbar."
„Oh. Dann halte ich noch einmal Rücksprache mit Herrn Dr. Meier."	„Okay. Dann richte ich Herrn Dr. Meier aus, dass Sie dazu nicht bereit sind."

17 typische Angriffe, die häufig vorkommen

Lassen Sie sich nicht verunsichern. Rücksprache halten wirkt in diesem Fall wie „Ich frage meinen Papa noch einmal". Die erste alternative Formulierung ist sehr selbstsicher. Mit der zweiten kommunizieren Sie sehr klar und eindeutig. Wahrscheinlich lenkt die Führungskraft nach diesem Satz ein. Falls nicht, gehen Sie mit der Antwort tatsächlich zum Chef.

Erhalten Sie dort Rückendeckung, wissen Sie, dass Sie deutlicher werden können. Der erste Formulierungsvorschlag ist dann die richtige Wahl.

3. Leben Sie damit, kurzzeitig schlecht behandelt zu werden

Wundern Sie sich nicht, wenn Sie gegenüber einer Person klar kommunizieren und sich durchsetzen und diese Sie dann kurzfristig spüren lässt, dass sie Ihnen diese kleine Machtdemonstration übel nimmt. Bleiben Sie freundlich – die Person beruhigt sich schon wieder.

Immer freundlich bleiben

Klarheit in der Kommunikation bedeutet, Grenzen zu setzen – ähnlich wie in der Kindererziehung. Gestehen Sie Ihren Kolleginnen und Kollegen das Recht zu, gegen diese Abgrenzung erst einmal zu rebellieren. Diese überprüfen im Prinzip, genau wie Kinder, ob eine Anordnung oder Anweisung wirklich klar bleibt. Rechtfertigen Sie sich, wird Ihre Kommunikation wieder unklar.

15. Die Kollegen kritisieren die Planungen für die Weihnachtsfeier

Beispiel:

Bei Sandra geht es vor Weihnachten immer hoch her. Aber sie hat alles gut im Griff – die Einladungen für die Weihnachtsfeier sind schon verschickt.

17 typische Angriffe, die häufig vorkommen

Kurz danach hagelt es Proteste. Warum der Ort für die Weihnachtsfeier so weit weg sei, fragen einige. Andere beschweren sich, dass sie ihre Partner nicht mitbringen könnten. Und noch andere hätten gern einen Bus- oder Taxiservice, der sie von der Feier nach Hause bringt.

Kollegen, die über alles meckern

Sandra ist stocksauer. Statt sich zu freuen, dass es eine Weihnachtsfeier gibt, mäkeln die Kolleginnen und Kollegen nur herum. Sie ist kurz davor, zu platzen – patzige Antworten gibt sie ohnehin schon.

Diese Fehler sollten Sie vermeiden

Wenn auch Sie solches Gemeckere von den Kolleginnen und Kollegen aus den Vorjahren oder aus anderen Situationen kennen, seien Sie beim nächsten Mal besser gewappnet.

3 Tipps für Sie

1. Lassen Sie sich nicht ärgern

Das ist leichter gesagt als getan. Aber lassen Sie nicht zu, dass andere Ihnen Ihre Arbeit madig machen. Denken Sie „Man kann es nicht allen recht machen" statt „Wie undankbar".

2. Reagieren Sie nicht patzig

Aussagen wie „Was ist denn jetzt schon wieder?" oder „Dann macht euren Kram doch alleine" sollten Sie sich verkneifen. Das passt nicht zu einer professionellen Sekretärin.

3. Halten Sie Ihren Chef da raus

Besprechen Sie diese Thematik nicht mit Ihrem Chef. Sie haben die Party in Absprache mit Ihrem Chef organisiert, Sie sind verantwortlich.

17 typische Angriffe, die häufig vorkommen

So prallt das Gemeckere der Kollegen an Ihnen ab

1. Überraschen Sie die Kollegen mit Ihrer Reaktion

Statt genervt zu reagieren, seien Sie offen, freundlich und entgegenkommend.

> **Beispiel:**
>
> *„Das ist eine tolle Idee von dir. Ich bin froh, dass du mich darauf ansprichst. Dankeschön. Ich checke, ob ich das organisieren kann. Gibt es sonst noch etwas, was ich anders machen soll, damit du dich wohler fühlst?"*

Vorteil dieser Reaktion: Ihre Freundlichkeit kostet Sie keine Kraft. Selbst wenn der Kollege noch weitere Wünsche äußern sollte, notieren Sie sie. Ändern müssen Sie an Ihrer Veranstaltung nichts. Es sei denn, die Vorschläge der Kollegen waren konstruktiv und gut und Ihr Zeitrahmen lässt Änderungen noch zu.

Sammeln Sie Kritik für das kommende Jahr

Falls Sie für die diesjährige Feier keine Möglichkeit mehr haben, etwas zu verändern, machen Sie folgenden Vorschlag:

„Haben Sie Ideen und Vorschläge, wie wir die nächste Weihnachtsfeier verbessern könnten?"

Verbesserungsvorschläge einholen

Oder: *„Sind Sie damit einverstanden, dass Sie Ihre Ideen für die nächste Weihnachtsfeier schriftlich bei mir einreichen, damit dann bei der nächsten Planung unserer Feier Ihre Vorschläge mit eingebracht werden können?"*

17 typische Angriffe, die häufig vorkommen

Oder: *„Ich danke dir sehr für deine Offenheit. Ich verstehe sehr gut, dass du deine Frau mitbringen und den Abend nicht ohne sie verbringen möchtest. Wie kann ich dir jetzt konkret weiterhelfen?"*

2. Überdenken Sie Ihre Organisation

Haben die Kollegen Recht?

Möglicherweise macht das Feedback Ihrer Kolleginnen und Kollegen Sinn. Vielleicht haben Sie tatsächlich etwas übersehen oder könnten es anders organisieren. Bedanken Sie sich deshalb bei dem „meckernden" Kollegen, auch wenn es Ihnen schwer fällt, und gehen Sie alles noch einmal durch. Vielleicht findet sich ja tatsächlich etwas, was Sie nicht optimal bedacht haben und nachbessern können.

16. Die Kollegin weigert sich, zwischen Weihnachten und Silvester zu arbeiten

Beispiel:

Manuelas Chef besteht darauf, dass das Sekretariat zwischen Weihnachten und Silvester besetzt ist. Da sich Manuela das Sekretariat mit Iris teilt, dürfte das ja „eigentlich" kein Problem sein. War es bislang auch nicht. Denn Manuela war die letzten Jahre immer Single. Es war ihr nicht wichtig, ausgerechnet zwischen Weihnachten und Neujahr Urlaub zu haben. Sie hat die Woche genutzt, um Liegengebliebenes wegzuarbeiten.

Doch in diesem Jahr ist alles anders: Manuela hat einen Freund, mit dem sie gern ein paar Tage wegfahren würde. Sie geht davon aus, dass Iris ihre „Weihnachtsschicht" übernimmt, da sie bislang immer frei hatte. Doch Iris sieht das gar nicht ein. Sie besteht darauf, in dieser Wo-

17 typische Angriffe, die häufig vorkommen

che frei zu haben, wie jedes Jahr. Schließlich hätte sie Familie – und Manuela nicht. Manuela ist den Tränen nahe.

Diese Fettnäpfchen sollten Sie vermeiden

Kennen Sie solche Situationen? Dann folgen Sie diesen vier Empfehlungen, damit die Situation nicht zum Problem wird:

4 Empfehlungen für Sie

1. Organisieren Sie so etwas nicht auf den letzten Drücker

Sobald Sie wissen, dass Ihnen bestimmte Urlaubstage wichtig sind, teilen Sie dies der Kollegin und Ihrem Chef mit.

2. Lassen Sie den Konflikt nicht eskalieren

Es handelt sich hier um ein Problem, für das Sie mit Sicherheit eine Lösung finden können. Wenn Sie sich darüber zerstreiten sollten, spielen Sie das Spiel „Wer hat Recht?". Bei diesem Spiel gibt es keinen wirklichen Gewinner, und Sie verschwenden Energie, Zeit und vieles mehr, das Sie an anderer Stelle konstruktiv gut gebrauchen können.

3. Eröffnen Sie keine Nebenkriegsschauplätze

Der sich anbahnende Konflikt ist nicht die Gelegenheit, alles auf den Tisch zu packen, was Sie schon lange an Ihrer Kollegin stört. Das hat hier nichts zu suchen. Also vermeiden Sie Bemerkungen wie

- „Du machst sowieso immer, was du willst",
- „Jedes Mal, wenn ich …, dann sagst du",
- „Was mich schon lange nervt …".

17 typische Angriffe, die häufig vorkommen

4. Sprechen Sie nicht mit anderen darüber

Es macht keinen Sinn, andere Kollegen mit einzubeziehen. Vermeiden Sie Gespräche wie „Du findest das doch auch unfair von der Iris …". Das löst das Problem nicht.

Beherzigen Sie diese 10 Empfehlungen, um den „Urlaubskonflikt" zu lösen:

1. Bleiben Sie gelassen. Statt sich sofort aufzuregen oder wahnsinnig enttäuscht zu sein, schildern Sie Ihrer Kollegin in aller Ruhe, dass Sie ebenfalls gern Urlaub hätten. Sagen Sie ihr, wie wichtig Ihnen das in diesem Jahr ist. Vielleicht lenkt sie dann schon ein.
2. Vereinbaren Sie mit Ihren Kolleginnen einen Termin, um sich über die Besetzung des Sekretariats zu unterhalten und Vereinbarungen zu treffen. Hiermit werten Sie die Bedeutung dieses Themas und der beteiligten Personen auf.
3. Da Sie das Treffen initiiert haben, sollten Sie die Gesprächsführung übernehmen.
4. Jede hat nun die Möglichkeit, nacheinander ihre Vorschläge, Ideen und Argumente vorzutragen, ohne unterbrochen zu werden.
5. Sie sammeln diese Argumente stichpunktartig, am besten schriftlich, um den Kopf frei zu halten.
6. Wenn alle Kolleginnen ihre Sicht der Dinge vorgetragen haben, machen Sie Lösungsvorschläge. Machen Sie deutlich, dass dies nur Ideen sind und keine Patentlösungen.
7. Wenn alle Kolleginnen einer dieser Ideen zustimmen, haben Sie eine Lösung = Fall A.
8. Werden Ihre Vorschläge teils oder ganz abgelehnt, haben Sie kein Problem, sondern einfach noch nicht die

17 typische Angriffe, die häufig vorkommen

richtige Lösung = Fall B. Sie können jetzt einfach weitere Vorschläge machen, jedoch nicht genervt reagieren. Wenn Sie keine weiteren Vorschläge haben, bitten Sie die Kolleginnen um Ideen. Dadurch signalisieren Sie Ihren Kolleginnen auch Ihr Interesse an einer guten und nicht unbedingt schnellen Lösung.

9. Beziehen Sie Ihre Kolleginnen in die Lösungsfindung mit ein, zum Beispiel mit folgender Formulierung: *„Das Sekretariat wird zwischen den Jahren auf jeden Fall besetzt sein. Mir ist es wichtig, eine Vereinbarung zu finden, die für alle in Ordnung ist. Haben Sie neue Ideen und Vorschläge, die uns einer Lösung näher bringen könnten?"* Auf diese Art und Weise machen Sie die Kolleginnen zu Mitarchitektinnen konstruktiver Lösungsstrategien.

10. Sollten Sie wider Erwarten keine Lösung finden, bitten Sie Ihren Chef um Unterstützung.

In allen geschilderten Fällen werden Sie am Ende Lösungen und keine Eskalationen haben.

Ihre Checkliste, wie Sie Konflikte zum Jahresende vermeiden

Ärgern Sie sich nicht lange, sondern sprechen Sie ein Problem an, damit es nicht eskaliert.	☐
Seien und bleiben Sie freundlich.	☐
Seien Sie offen für Ideen anderer.	☐
Kommunizieren Sie deutlich und selbstbewusst.	☐
Seien Sie auf negative Reaktionen Ihres Gegenübers gefasst, wenn Sie eindeutige Grenzen setzen.	☐
Halten Sie sich an Ihre eigenen Worte. So verschaffen Sie sich Respekt und vermeiden Konflikte.	☐

17 typische Angriffe, die häufig vorkommen

17. Mehr Gehalt: Ein Tabuthema für Frauen?

Verhandeln Sie erfolgreich

In der Tat gehören Gehaltsverhandlungen nicht zu den beliebtesten Gesprächsthemen zwischen Chef und Sekretärin. Grundsätzlich geht es im Gehaltsgespräch darum, gut zu argumentieren und mehrere Strategien im Gepäck zu haben. Im Mittelpunkt sollte immer Ihre Leistung stehen. Sie muss die Gehaltserhöhung auch rechtfertigen. Aber was wenn Ihr Chef dann sagt: „Ich bin ja sehr zufrieden mit Ihnen, aber Sie haben sich einen wirklich ungünstigen Zeitpunkt ausgesucht." Verschlägt es Ihnen dann gleich die Sprache? Orientieren Sie sich an den folgenden Tipps für Ihre erfolgreiche Verhandlung.

3 wichtige Regeln im Gehaltspoker

1. Regel: Versetzen Sie sich in die Lage Ihres Chefs.

Unter welchen Umständen ist er bereit, Ihnen mehr Gehalt zu zahlen? Sie können davon ausgehen, dass Sie dann gute Chancen haben, wenn Ihr Unternehmen/Ihre Abteilung durch Ihre Arbeit nachweislich einen Erfolgszuwachs verzeichnen kann. Belegen Sie Ihre Erfolge.

2. Regel: Erarbeiten Sie eine Verhandlungsstrategie.

Legen Sie vorher schriftlich fest: Wie viel muss die Gehaltserhöhung mindestens betragen? Planen Sie einen Verhandlungspuffer ein. Notieren Sie alle Argumente, warum Ihnen diese Gehaltserhöhung zusteht, und untermauern Sie sie mit Zahlen und Fakten.

3. Regel: Wählen Sie den richtigen Zeitpunkt.

Eine noch so gute Verhandlungsstrategie hat keinen Erfolg, wenn Sie den falschen Zeitpunkt wählen und Ihr Chef nicht offen ist für Ihre Argumente, z. B. wenn er selbst unter Strom steht.

Prävention von Angriffen und Konflikten

Das können Sie tun, um Angriffe im Vorfeld zu verhindern

Um Angriffe und Konfliktsituationen umgehen zu können, sind Selbstbewusstsein und sicheres Auftreten, mit dem Sie sich Respekt verschaffen, wichtig.

Setzen Sie sich durch und verschaffen Sie sich Respekt

Fühlen Sie sich von Ihren männlichen Kollegen und Ihrem Chef mitunter missverstanden? Fragen Sie sich manchmal, wie Sie mit den typisch männlichen Verhaltensweisen umgehen sollen? Wenn Sie die folgenden Tricks kennen, können Sie sich den für Ihre Arbeit nötigen Respekt verschaffen. Wichtig vorab: Es gibt natürlich immer Ausnahmen – auch bei Männern.

Verschaffen Sie sich Respekt

Darum sollten Sie die Tricks der männlichen Kollegen kennen

Angesichts der verschiedenen Welten von Männern und Frauen sind Missverständnisse vorprogrammiert:

Männer	Frauen
… sehen die tägliche Arbeit als eine Art Wettkampf.	… streben Gleichberechtigung und Fairness bei der Arbeit an.
… „kämpfen" klare Rangordnungen „aus".	… wollen sich konkurrenzlos zwischen Ebenbürtigen bewegen.
… bevorzugen Ellenbogengehabe.	… bevorzugen ein harmonisches Umfeld.

Die Regeln in Ihrer Firma sind männlich

In den Führungsetagen beherrschen heute immer noch relativ unangefochten die Männer das Geschäft – und damit sämtliche Regeln innerhalb ihrer eigenen Unternehmen. Das gesamte Kommunikationssystem ist männlich geprägt. Die bestehenden Regeln werden nicht diskutiert, und die Männer selbst gehen absolut intuitiv mit solchen Regeln um.

Prävention von Angriffen und Konflikten

So lernen Sie neben den offiziellen auch die inoffiziellen Regeln kennen

Lernen Sie die Regeln, die die Männer in Ihrem Unternehmen setzen. Beobachten Sie den Umgang der männlichen Kollegen mit diesen Regeln in Ihrer Firma.

Schärfen Sie Ihren Blick für die wichtigsten Indizien:

- Wie sieht das Verhalten zwischen Vorgesetzen und Untergebenen aus? Wie drücken sich die Hierarchien in der Körpersprache, dem Gesagten und den Statussymbolen aus?
- Wer arbeitet wem zu, wer verteilt die Arbeit?
- Wer spricht mit wem worüber? Wo und wie fließen die Informationen? Wer darf was wissen?

Denken Sie daran, dass Wissen Macht ist!

Tipps und Tricks kennenlernen

Wenn Sie sich die Regeln in Ihrem Unternehmen bewusst machen, haben Sie die Möglichkeit, sich mit den folgenden Tipps und Tricks gegenüber Ihrem Chef und Ihren männlichen Kollegen Respekt für sich und Ihre Arbeit zu verschaffen. Denn Wissen ist auch für Sie als Sekretärin Macht!

Die Regeln in einer Firma werden von den Führungskräften aufgestellt; dabei gibt es offene und versteckte Regeln:

Typische offene Regeln	Typische inoffizielle Regeln
In der Kantine haben die obersten Führungskräfte einen eigenen Bereich.	Bestimmte Führungskräfte oder Mitarbeiter dürfen unentschuldigt zu spät kommen.
Die Türen zu den Büros haben geschlossen zu sein.	Beim Chef klopft man nicht an, sondern ruft ihn an, wenn Gäste bei ihm anzukündigen sind. Nur bestimmte Mitarbeiter dürfen ungefragt bei ihm eintreten.

Prävention von Angriffen und Konflikten

Diese Regeln sind verbindlich. Wenn Mitarbeiter sie nicht einhalten, werden sie „bestraft" – zum Beispiel mit Mehrarbeit oder „in Härtefällen" sogar mit dem Entzug von Statussymbolen.

Überzeugen Sie mit Durchsetzungsvermögen!

Eine ungeschriebene, aber wichtige Regel in jeder Firma ist die, wie sich „gute Arbeit" definiert. Vorsicht: Männer und Frauen interpretieren „gute Arbeit" auf unterschiedliche Art und Weise!

Beispiel:

Claudia ist genervt. „Jeden Tag mache ich hier meine Arbeit, in drei Jahren ist mir noch nie ein Fehler passiert – aber mein Chef hat nie ein gutes Wort für mich!" Claudias Kollegin zuckt mit den Schultern. „Irgendwann wird er es schon merken, wenn du deine Arbeit weiterhin gut machst ..."

Besser als andere zu sein, bedeutet ...	... für Frauen	... für Männer
	... *inhaltlich* zu überzeugen.	... sich besser *durchzusetzen*.

Während Frauen versuchen, mit Inhalten, also ihrer eigentlichen Arbeit, andere von ihren Qualitäten zu überzeugen, setzen Männer auf Durchsetzungsvermögen. Sie liefern vielleicht weniger Fakten, aber machen wesentlich mehr Wind darum.

Zeigen Sie Ihre Erfolge

Setzen Sie sich durch:
- Sprechen Sie über Ihre Erfolge wie selbstverständlich!
- Verkaufen Sie Ihre Leistungen mit Selbstbewusstsein – das wird wahrgenommen!
- Zeigen Sie die Vorteile, die Ihr Chef durch Ihre Arbeit hat!

Prävention von Angriffen und Konflikten

Warum Sie immer die Rangordnung einhalten sollten

Männer grenzen klar ab und sortieren andere nach oben und unten:
- Wer ist A, wer ist B, wer nur C?

Das wirkt sich auch auf deren Kommunikation aus:
- Was A sagt, muss getan werden! Was C sagt, ist bedeutungslos.
- Wenn ich etwas erreichen will, gehe ich gleich zu A.

Die Rangordnung ist wichtiger als der Inhalt

Verkaufen Sie Ihr Wissen

Männer wollen wissen, wer das Sagen hat. Am liebsten wollen sie selbst das Sagen haben. Männer beachten genau die Rangordnung und „kämpfen" diese immer wieder „aus". Wer etwas erreichen will, wendet sich niemals an Ranggleiche, sondern immer an die Nummer Eins. Männer wollen Meinungsführer sein oder zumindest von diesen wahrgenommen werden. Wer sein Wissen besonders gut verkauft, gewinnt – nicht, wer das meiste Wissen hat. Das wird natürlich nicht offen ausgesprochen.

Machen Sie den Ranghöchsten aus

Wer in einer nach Stellenbeschreibungen und Visitenkarten augenscheinlich gleichrangigen Gruppe tatsächlich das Sagen hat, lässt sich oft an kleinen Dingen ausmachen. Achten Sie mal darauf, wer ungeahndet zu spät kommen darf – das sagt oft schon viel über die unausgesprochene Rangfolge aus.

Auch Redeanteile in einer Besprechung sagen viel über die unausgesprochene Machtverteilung aus. Das Reden nutzen Männer als Mittel, ihre Dominanz auszudrücken. Rangunteren haben sich dann in Geduld zu üben.

Prävention von Angriffen und Konflikten

> Seien Sie sich dessen bewusst:
> *In Ihrer Funktion als Sekretärin nehmen Sie in den Augen der Führungskräfte einen der ganz unteren Ränge ein.*

Sprechen Sie immer den Richtigen an!

- Wenn Sie etwas Wichtiges erreichen wollen, wenden Sie sich jeweils an denjenigen, der auch wirklich in Ihrer Angelegenheit zuständig ist. Klären Sie für sich ab, ob das eine andere Sekretärin oder tatsächlich der nächste Vorgesetzte ist.
- Beachten Sie, dass Sie Ihren Chef nicht übergehen. Das ist eine große Missachtung der Rangordnung und wird öfter mit Sanktionen belegt.

Beispiel:

Claudia hat eine Presseinformation auf dem Tisch, die sie prüfen soll. Sie bemerkt, dass die Firmenangaben fehlerhaft sind. Der Auftrag kommt von ihrem Chef. Verantwortlich für die genauen Angaben aber ist der Vorgesetzte ihres Chefs. Also wendet sie sich mit ihrer Frage zuerst an den Chef. Der fühlt sich nicht zuständig, also muss ihr nächster Weg der zu dessen Vorgesetztem sein.

Sie gewinnen die Achtung der anderen, wenn Sie die Hierarchie sehr genau einhalten. Je größer Ihre Firma ist, umso mehr gilt diese Regel.

> *Diskussionsforum rund um das Thema Sekretariat im Internet.*
> *www.sekada-daily.de*

Prävention von Angriffen und Konflikten

Achten Sie auf die Körpersprache und schauen Sie Ihr Gegenüber an!

Ein starkes körpersprachliches Mittel ist der Blickkontakt. Schauen Sie Ihrem Gegenüber im Gespräch in die Augen, denn dieser direkte Blickkontakt drückt aus:
- Ich habe keine Angst vor Ihnen.
- Ich halte mit Ihnen Schritt.
- Ich bin selbstbewusst und mir meiner Sache sicher.

Blickkontakt halten

Ihr Blickkontakt beeindruckt Männer mehr, als wenn Sie bescheiden, scheu und unsicher den Blick abwenden. Selbst wenn Sie all das in diesem Moment nicht sind – Ihr Gegenüber wird es so wahrnehmen.

Beachten Sie bei Ihrer Körpersprache die Rangordnung!

Wenn Sie eine Berührung oder Bemerkung Ihnen gegenüber als unangemessen empfinden, sollten Sie zwei Dinge beachten:
- Branche, in der Sie tätig sind. Welche Verhaltensformen sind üblich? In der Medienbranche ist mehr Körperkontakt „erlaubt" als beispielsweise in großen Wirtschaftskonzernen.

Was gilt in Ihrem Unternehmen?

- die Art des jeweiligen Körperkontakts, um den es sich hierbei handelt. Ist dieser innerhalb der ungeschriebenen Regeln Ihres Unternehmens angemessen?

Beispiel:

Geben sich zwei Männer die Hand, und der eine packt dabei dem anderen mit der freien Hand an den Arm oder sogar auf die Schulter, können Sie davon ausgehen, dass dieser der Ranghöhere ist, beziehungsweise es damit ausdrücken will. Körpersprachlich heißt das: „Ich bin dir ebenbürtig" oder „Das hier ist mein

Prävention von Angriffen und Konflikten

> Machtbereich, hier habe ich das Sagen". Anhand dieses Verhaltens können Sie übrigens ebenfalls auskundschaften, wer welchen Rang auf der inoffiziellen Skala einnimmt.

Wenn Sie also unsicher sind, ob Sie eine solche Berührung erwidern sollen, machen Sie sich bewusst:
- Will ich diesen Machtanspruch für mich in diesem Moment wirklich ausdrücken? – Dann erwidern Sie die Berührung.
- Oder möchte ich meinem Rang angemessen die Berührung lieber ignorieren? Dann quittieren Sie das Ganze mit Ihrem Pokerface und nehmen Sie Abstand.

Lassen Sie aber nie verbale Fouls durchgehen. Dann gilt: *Verhandeln Sie nicht, sondern handeln Sie!*

Ahmen Sie Kollegen nach

Unsere Empfehlung für Sie: Bei Vorgesetzten sollten Sie die Berührung an der Schulter nicht erwidern. Das wäre unangemessen. Wenn aber ein Kollege oder ein Geschäftspartner Ihres Chefs Sie bei der Begrüßung immer so berührt und es Ihnen unangenehm ist, können Sie die Berührung erwidern, und Ihr Gegenüber wird sehr, sehr überrascht sein, dass Sie sein Machtspiel kopieren. Er wird Sie mit anderen Augen betrachten. Sie dürfen gespannt sein, wie er sich in Zukunft verhält – es wird sich auf jeden Fall etwas verändern.

Seien Sie sich bei verbalen Fouls Ihres Ranges bewusst

In jeder Situation sollten Sie sich *Ihren* Rang klarmachen: Schreiben Sie „nur" Protokoll (unterster Rang)? Sind Sie aktiv beim Meeting beteiligt (mittlerer Rang)?

Prävention von Angriffen und Konflikten

Oder sind Sie sogar auf Augenhöhe mit Ihren Gesprächspartnern, also leiten Sie zum Beispiel ein Projektmeeting (gleichwertiger bzw. höherer Rang)?

Typische Fouls von Männern	Typische Frauenreaktionen	Ihre Reaktion in Zukunft
Ihr Vorgesetzter / Chef / männlicher Kollege fällt Ihnen vor den Kollegen mehrfach ins Wort.	Sie ziehen sich beleidigt zurück und schmollen, weil man sie nicht ausreden lässt. Typische Bemerkungen: • „Jetzt lassen Sie mich doch auch mal ausreden...!" • „Müssen Sie mich immer unterbrechen?"	1. *Unterster Rang:* Machen Sie ihm – in einem Vieraugengespräch (!) – klar, dass Sie dieses Verhalten nicht mehr wünschen. 2. *Mittlerer Rang:* Sprechen Sie Ihren Satz ungerührt zu Ende; zur Not wiederholen Sie Ihre Aussage, damit jeder Sie verstanden hat. 3. *Gleichwertiger/höherer Rang:* Machen Sie vor allen deutlich: „Bis hierhin und nicht weiter!"
Ein männlicher Kollege macht eine leicht anzügliche Bemerkung in großer Runde in Ihre Richtung.	Viele Frauen reagieren gar nicht und fühlen sich anschließend beschmutzt. Das bestärkt die männlichen Kollegen nur darin, mit solchen Bemerkungen fortzufahren.	1. *Unterster Rang:* Quittieren Sie die Situation unkommentiert und mit Pokergesicht. Suchen Sie bei „harten Nüssen" das Vieraugengespräch. 2. *Mittlerer, gleichwertiger* oder *höherer Rang:* Führen Sie zum Beispiel eine „Chauvi-Kasse" mit Preisliste und festen Regeln ein (softer Spruch 5 Euro, unterste Gürtellinie 50 Euro etc.). Die Erfahrung zeigt: Die meisten zahlen – das Geld können Sie mit Ihren Kolleginnen dann einmal im Jahr auf den Kopf hauen. Das Ganze wird dadurch für die Männer und für Sie ein Sport statt echter Stichelei.

Übrigens: Vieraugengespräche geben Ihrem Gegenüber die Chance, das Gesicht zu wahren. Greifen Sie niemals einen ranghöheren Mann vor versammelter Mannschaft

Prävention von Angriffen und Konflikten

an. Diesen Gesichtsverlust wird er Ihnen so schnell nicht verzeihen, auch wenn die Sache an sich längst geklärt ist.

Wie Sie mit einem Pokerface weiter kommen als mit zu viel Emotionen

> **Beispiel:**
>
> *Tanjas Chef kommt mit einem steinharten Gesicht ins Sekretariat, knallt Unterlagen auf ihren Schreibtisch und verschwindet ohne ein Lächeln in sein Büro. Tanja hat sofort einen Stein im Bauch: „Was habe ich denn jetzt schon wieder falsch gemacht?"*

Sie hat vermutlich gar nichts falsch gemacht. Aber sie erwartet von ihrem Chef ein Lächeln, wenigstens ein freundliches Gesicht, wenn er ihr begegnet. Stattdessen hat sie das Gefühl, emotional verhungern zu müssen.

Erwarten Sie keine bestimmte Mimik

Lassen Sie sich vom Pokerface nicht beirren!

Lassen Sie sich von den Masken nicht beirren, die viele Männer scheinbar aufgesetzt haben. Dieses Pokerface dient ihnen als

- Selbstschutz („Niemand muss wissen, wie ich mich gerade fühle."),
- Beweis ihrer Wichtigkeit als Geheimnisträger („Keiner soll meinem Gesicht ansehen, was ich weiß."),
- Waffe („Niemand ahnt, was ich als Nächstes tun werde, die werden sich wundern!").

Grundsätzlich fällt es vielen Männern schwer, mit den eigenen Gefühlen – geschweige denn mit denen anderer – umzugehen. Daher gilt oft die ungeschriebene Regel: *Keine Emotionen zeigen!*

Prävention von Angriffen und Konflikten

Das Pokerface …	… und Ihr Umgang damit
Der Chef scheint schlechte Laune zu haben.	Ignorieren Sie sein Verhalten und reagieren Sie völlig normal, als wenn nichts wäre.
Der Chef murmelt bei einem Vorschlag von Ihnen grimmig vor sich hin.	Fragen Sie ihn nicht, wie er sich mit Ihrem Vorschlag *fühlt* – fragen Sie ihn, was er darüber *denkt*.
Der Chef stellt Ihnen gegenüber sein volles Dominanzverhalten zu Schau.	Lassen Sie sich nicht einschüchtern oder beeindrucken. Lachen Sie innerlich darüber nach dem Motto: „Wenn er es braucht …"

Werden Sie dann doch mal angelächelt: Freuen Sie sich!

Zeigen auch Sie Ihr Pokerface!

Neutraler Gesichtsausdruck

Wenn Ihr Chef Ihnen Ihre Emotionen gleich an der Nasenspitze ablesen kann, wird er darin keinen Mehrwert für sich sehen – im Gegenteil: Sie schwächen damit Ihre eigene Position. Dagegen kann Ihnen ein Pokerface Sicherheit und Schutz verschaffen – und Stärke! Pokerface zeigen Sie, indem Sie

- weiterhin freundlich bleiben,
- sich Ihren Ärger oder Ihre Enttäuschung nicht anmerken lassen,
- sich Ihren Teil denken, statt damit herauszuplatzen.

Wenn Sie sich Ihre Gefühle nicht gleich anmerken lassen, wird Ihnen das mehr Respekt verschaffen.

Denn Ihr Chef ist als Mann mit zu vielen Emotionen schnell überfordert – und das bringt Sie dann in der Sache nicht weiter.

Prävention von Angriffen und Konflikten

Warum Sie Stärken statt Schwächen zeigen sollten

Wenn Frauen und Männer miteinander kommunizieren, kommt es häufig zu Missverständnissen. Ein wichtiger Grund dafür ist der, dass Männer hauptsächlich auf der Sachebene und Frauen mehr auf der Beziehungsebene kommunizieren. Schon bei kleinen Dingen kann das zu unterschiedlichen Wahrnehmungen führen:

	... bei Frauen:	... bei Männern:
Ein Lächeln im Gespräch heißt meistens	„Ich möchte gefallen" (gerne auch als Verlegenheitsgeste).	„Das gefällt mir."
„Mhm", „ja" etc. im Gespräch heißen meistens	„Ja, ich *höre* dir/Ihnen zu."	„Ja, ich *stimme* dir/Ihnen zu."

Bei Männern gilt: Dominanz ist gleichbedeutend mit Kompetenz. Wer lächelt, zeigt dagegen Schwäche und Unterwerfung. Das erklärt zum einen das Pokerface, aber auch, warum Frauen manchmal mit ihrem Lächeln das Gegenteil von dem erreichen, was sie erreichen wollten.

Ihr Lächeln kontrollieren

Wenn lächeln, dann tun Sie es bewusst!

Wenn Sie Respekt für Ihre Arbeit und Ihre Person haben wollen, beachten Sie die folgende Grundregel: *Wer bei allen beliebt ist, wird nicht respektiert.*

Setzen Sie daher Ihr Lächeln gezielt ein. Seien Sie sich dabei dessen bewusst, wie es von Männern interpretiert wird:

- Lächeln Sie nicht, um zu gefallen.
- Lächeln Sie nur, wenn Sie einen Grund zum Lächeln haben.

Prävention von Angriffen und Konflikten

Zeigen Sie, dass Sie stark sind!

Nehmen Sie Attacken und Meinungsverschiedenheiten nicht persönlich. Versuchen Sie, die Sache, um die es geht, von sich als Person zu trennen. Eine Auseinandersetzung heißt nicht, dass Sie persönlich nicht gemocht werden. Männer beglückwünschen sich manchmal sogar nach Auseinandersetzungen; für sie gehört das zum Spiel.

Nehmen Sie ein Lob an!

> Beispiel:
>
> *„Das haben Sie aber schnell geregelt bekommen!", sagt Petras Chef. – „Ach, war doch kein Ding", winkt Petra ab. Ihr Chef zuckt mit den Schultern. Das war vor drei Jahren, seitdem hat er sie nicht mehr gelobt.*

Ihre Reaktion	Die Folgen
Wenn Sie Lob annehmen, …	… ist der Weg frei für ein weiteres Lob!
Wenn Sie Lob abwiegeln, …	… wird so schnell kein weiteres Lob mehr folgen.

Ihre Reaktion auf ein Lob

Männer loben selten, weil Sie damit Macht ausdrücken und Macht weitergeben. Ein Lob ist ein gewaltiger Schritt – und immer ernst gemeint. Die Gründe für ein Lob können unterschiedlich sein, aber das muss in diesem Moment für Sie keine Rolle spielen.

Wenn Sie das Lob nicht annehmen, deutet Ihr Chef das vielleicht so:
- „Stimmt, so toll war die Leistung auch wieder nicht …"
- „Die braucht wohl kein Lob. Das ist gut, macht es mir einfacher."

Prävention von Angriffen und Konflikten

- „Da sage ich mal was, ist es auch nicht richtig. Sage ich halt nichts mehr …"

Besser für Petra wäre ein schlichtes „Danke!" gewesen. Auch ein strahlendes Lächeln inklusive Blickkontakt ist bei einem Lob besser als verbales Abwinken und Kleinreden.

Warum Rituale und Symbole wichtig für Sie und Ihre männlichen Kollegen sind

> **Beispiel:**
>
> *Karinas Telefon klingelt Sturm, aber ihr Chef lässt keine Anrufe durchstellen. Als ein Kollege hereinkommt und mit ihrem Chef sprechen will, winkt sie ab: „Der Chef telefoniert schon den ganzen Vormittag …" Der Kollege horcht auf: „Ah, sicher wegen seines neuen Firmenwagens – da habe ich noch einen Tipp für ihn …" – und verschwindet für die nächste Stunde unangemeldet im Büro von Karinas Chef. Sie schüttelt befremdet den Kopf: „Kleine Jungs und ihr Spielzeug!"*

Männer drücken Ihre Machtansprüche nicht nur durch Redeanteile, Körpersprache und bestimmte Begrüßungsrituale aus. Die Rangordnung wird auch durch Besitzansprüche symbolisiert. Chefs kämpfen um bestimmte Parkplätze auf dem Firmengelände, um die bessere Ausstattung ihres Firmenwagens, kommen ab einer bestimmten Stufe ihrer Karriere nur noch im Maßanzug. Das alles sind Statussymbole und Zeichen der Macht.

Zeichen der Macht

Stellen Sie Statussymbole Ihres Chefs nicht infrage!

Diese Statussymbole sind dazu da, um die Rangordnung zu markieren – daher werden sie auch nicht öffentlich

Prävention von Angriffen und Konflikten

diskutiert. Wenn Sie das Geschacher um diese Symbole öffentlich missbilligen oder infrage stellen, werden Sie sich bei Ihren männlichen Vorgesetzten keine Freunde machen.

Beschaffen Sie sich als Sekretärin auch Ihre Statussymbole

Nehmen Sie Angebote an

Beharren auch Sie auf Ihren ganz eigenen Statussymbolen. Wenn Ihnen ein größerer Schreibtisch angeboten wird – nehmen Sie ihn an! Wenn Sie einen anderen Parkplatz haben dürfen, greifen Sie zu! Wenn Sie als eine von wenigen ins Internet dürfen – registrieren Sie es ebenfalls als Statussymbol und gehen Sie ganz selbstverständlich damit um. Ein Ablehnen ist ein Zeichen von Schwäche, Respekt bringt es Ihnen nicht ein.

Wie Sie Lösungen vorschlagen, statt Probleme zu wälzen

> Beispiel:
>
> *Petra friert, das Fenster am anderen Ende des Besprechungszimmers ist gekippt. Mehrfach zieht sie den Blazer vorne zusammen und die Schultern hoch, aber keiner der Männer reagiert. Schließlich sagt sie, während sie die nächste Seite ihres Schreibblocks umblättert: „Ist Ihnen nicht kalt?" Nur einer schaut auf. „Nö", ist seine Antwort. Keiner steht auf und macht das Fenster zu. „Die müssen doch sehen, dass mir kalt ist!", ärgert sich Petra in Gedanken. Die Männer dagegen verdrehen nur die Augen, weil sie wieder so ein muffiges Gesicht zieht. „Was die wohl wieder hat ..."*

Frauen tappen bei Männern oft in eine typische Kommunikationsfalle: Sie bevorzugen die indirekte Kommuni-

Prävention von Angriffen und Konflikten

kation. Männer dagegen kommunizieren wesentlich direkter. Auch Sie werden mit indirekten Bemerkungen bei Männern selten Erfolg haben.

Sagen Sie, was Sie brauchen!

In dieser Situation hätte Petra mit folgender Äußerung sicherlich mehr Erfolg erzielt: *„Mir ist kalt. Herr Meier, würden Sie bitte das Fenster schließen? Vielen Dank!"*

Direkt kommunizieren

> **Unser Tipp:** Geben Sie klare, knappe Arbeitsanweisungen: Wer tut was bis wann? Am Ende dieser Aussage ziehen Sie die Stimme nach unten.

Der Grund für diese indirekte Kommunikation von Frauen liegt auf der Hand: Sie wollen
- sich nicht aufdrängen,
- niemanden zu etwas zwingen oder
- ihre eigenen Wünsche nicht in den Vordergrund stellen.

Männer sind da ganz anders: Sie sagen, was sie wollen, und jede/r weiß, woran sie oder er ist. Ergebnis: Sie bekommen es auch! Wichtig zu wissen für Sie: Diese Art der Kommunikation erwarten Männer auch von ihrem Gegenüber!

Liefern Sie Lösungen!

Klagen Sie nicht nur. Schlagen Sie Lösungen vor! Jammern Sie nicht darüber, dass etwas nicht funktioniert: Das wird mit Ihnen persönlich in Verbindung gebracht. Stellen Sie lieber das Problem sachlich dar und schlagen Sie Lösungen vor. Das verschafft Ihnen den nötigen Respekt.

Jammern bringt Sie nicht weiter

Prävention von Angriffen und Konflikten

So lernen Sie den Unterschied zwischen Respektüben und Harmoniebedürfnis

Bei Frauen setzt schnell eine Art „Hab-mich-lieb"-Zwang ein, denn sie wollen es allen recht machen. Männer dagegen haben kein Problem damit, wenn jemand sie nicht leiden kann. Männer haben Respekt voreinander, Frauen wollen geliebt werden.

Tragen Sie dem Rechnung, dass es um Respekt geht und nicht um die reine Aufrechterhaltung von Harmonie. Im Umgang mit Ihrem Chef zum Beispiel heißt das:
- Zollen Sie ihm Anerkennung, wenn er etwas erreicht hat.
- Schätzen Sie vor wichtigen Konferenzen etc. seine Erfolgschancen optimistisch ein.
- Ziehen Sie keinen Fachmann oder andere Kollegen heran, um ihn auf Fehler hinzuweisen.
- Loben Sie ihn vor anderen, aber greifen Sie ihn nicht an. Kritik immer nur unter vier Augen!

Punkten Sie mit Ihrer Persönlichkeit

Unser Tipp: Begeistern Sie Ihren Chef und Ihre Kollegen für Ihre Persönlichkeit!

Vielleicht ist es Ihrem Chef egal, dass Sie ihm mal wieder den Rücken freigehalten haben oder nur mit viel Mühe einen Termin verlegen konnten. Aber es ist ihm nicht egal, wie Sie wirken:
- Sind Sie meist gut gelaunt?
- Sind Sie selbstsicher?
- Fällt Ihnen immer ein netter Spruch ein?
- Verstehen Sie seinen Humor?
- Sind Sie optimistisch eingestellt und verbreiten Sie diesen Optimismus?
- Stehen Sie neuen Plänen aufgeschlossen gegenüber?

Prävention von Angriffen und Konflikten

Begeistern Sie ihn und andere für Ihre Persönlichkeit – denn dass Sie gute Leistungen bringen, davon wird ohnehin stillschweigend ausgegangen.

> Eine wichtige männliche Regel gilt auch für Sie:
> Es kommt weniger darauf an, *was* Sie sagen,
> als darauf, *wie* Sie es sagen.

… und warum Sie als Frau Ihre ganz eigenen Vorteile gegenüber den Männern haben

Sie als Frau haben ein unschlagbares Gefühl für zwischenmenschliche Beziehungen. Das ist Ihre Chance bei Ihrer Arbeit im Sekretariat: Sie können die körpersprachlichen Signale und verbalen Äußerungen gut deuten, um sich beispielsweise ein Bild von der wirklichen Rangfolge in Ihrer Firma zu machen.

Nutzen Sie Ihren weiblichen Charme!

Sie nehmen zwar „nur" einen unteren Rang ein, aber Sie haben etwas, was Ihre männlichen Vorgesetzten ganz sicher nicht haben: weiblichen Charme. Setzen Sie den selbstbewusst ein, dann können Sie gegen jede Rangordnung mehr erreichen, als Sie vielleicht glauben. Gegen diese Waffe sind viele Männer machtlos.

Nutzen Sie Ihre Vorteile

> Machen Sie sich für Ihre Arbeit täglich bewusst:
> *Sie sind nicht in der Firma, damit Sie geliebt werden.*
> *Sie machen dort Ihren Job so, dass Sie respektiert werden.*

Das ist das, was in einer noch weitgehend von Männern geprägten Welt zählt. Machen Sie sich einen Spaß daraus – es ist ein großes Spiel!

Prävention von Angriffen und Konflikten

So gehen Sie selbst mit schwierigen Gesprächspartnern souverän um

Ob Kollegen, Geschäftspartner, Kunden oder vielleicht sogar der eigene Chef – es gibt immer wieder Menschen, die Sie zu den schwierigen Gesprächspartnern zählen.

Warum Sie schwierige Gesprächspartner nicht umerziehen können

Beispiel:

Ein wichtiger Kunde von Bettinas Chef redet ohne Punkt und Komma. Kaum kommt er zur Tür herein, wird auch Bettina zugetextet. Bettina nähme es mit Fassung, wenn es sich nicht hauptsächlich um Angebereien handeln würde wie „Und wieder mal habe ich mein Golf-Handicap verbessert" und dergleichen mehr. Bettina fühlt sich dann jedes Mal hilflos ausgeliefert, ist froh, wenn der Kunde wieder verschwunden ist ...

Manche Gesprächspartner haben unangenehme Gesprächseigenschaften. Sie reden zu viel oder zu wenig, sie geben an oder klopfen Sprüche, sie sind cholerisch oder sogar aggressiv, sie nörgeln herum oder haben immer Recht. Manche haben schlechte Laune, sind überheblich oder unnahbar, andere lästern ...

Nehmen Sie Menschen wie sie sind

Solche Gesprächspartner wecken sicherlich auch in Ihnen den Wunsch, deren Verhalten zu verändern, um es endlich etwas leichter mit ihnen zu haben. Wenn Sie dann denken

- „Ach, könnte der nicht einfach mal nett sein?" oder
- „Muss der immer so angeben?",

verrät das Ihre innere Einstellung: Der andere soll sich gefälligst ändern!

Prävention von Angriffen und Konflikten

Warten Sie nicht auf Veränderung, ändern Sie selbst!
Doch die Wahrheit ist: Sie können andere Menschen nicht verändern. Jeder Gesprächspartner hat bestimmte Beweggründe, Erfahrungen und eingefahrene Verhaltensmuster, die sein Gesprächsverhalten beeinflussen. Die sind meist tief verwurzelt, und an diese Wurzeln kommen Sie so schnell nicht heran.

Was Sie verändern können, ist Ihr *eigenes* Verhalten. Das gibt Ihrem Gesprächspartner eine Handlungsalternative. Und die kann – direkt oder auf Dauer – bei ihm zu einer Verhaltensveränderung führen. Kann, muss aber nicht. Das sollte auch nicht Ihr Ziel sein.

Sie können nur an Ihrem Verhalten arbeiten, nicht an dem der anderen

> **Unser Tipp:**
> *Ihr* Ziel muss es sein, dass Sie während und nach einem Gespräch mit einem schwierigen Gesprächspartner für sich selbst ein gutes Gefühl haben,
> - weil Sie sich beispielsweise auf etwas einigen konnten, womit Sie selbst gut leben können,
> - weil Sie es geschafft haben, ihn aus der Reserve zu locken,
> - weil Sie jemanden beruhigen konnten,
> - weil Sie sich im Nachhinein über die Situation nicht ärgern müssen oder das Gefühl haben, etwas Entscheidendes nicht gesagt zu haben.

Ihr Verhalten beeinflusst das Verhalten Ihres Gesprächspartners

Versetzen Sie sich mal für einen kurzen Moment in die Lage eines der Gesprächspartner, von denen Sie sagen, dass sie schwierig sind:
- Womit rechnen diese Personen wohl normalerweise in einem Gespräch?

Prävention von Angriffen und Konflikten

Die folgenden allgemeinen Beispiele können Sie anhand der Ihnen bekannten Personen konkretisieren:
- Der Aggressive rechnet mit Gegenwehr.
- Der Unentschlossene rechnet damit, überredet zu werden.
- Der Nörgler rechnet damit, dass er andere zum Mitnörgeln animieren kann.

Und jetzt Sie:

Herr/Frau …	… rechnet wahrscheinlich damit, dass sein/ihr Gesprächspartner …

Reagieren Sie einfach mal anders als sonst

Beispiel:

Petras Kollegin Anna lästert gerne – und sie geht darin besonders auf, wenn andere in das Lästern einstimmen. Petra begegnet ihr am Kopierer. „Hast du schon gehört, dass der Herr Schmidt was mit der Frau Meyer aus der Buchhaltung haben soll?", setzt Kollegin Anna sofort an. Doch Petra ist gewappnet. „Wie wäre es, wenn du Frau Meyer mal selbst fragst? Sie gibt bestimmt erschöpfend Auskunft!", schlägt sie freundlich vor. Kollegin Anna murmelt: „Ich meine ja nur" und kopiert schweigend weiter. Petra atmet auf.

Üben Sie anderes Verhalten

Möglicherweise zeigen Sie bestimmten Personen gegenüber immer ein bestimmtes Verhalten. Oder anders gesagt: Sie reagieren auf die immer gleiche Weise auf bestimmte Verhaltensweisen. Stellen Sie sich vor, Sie würden beim nächsten Mal bewusst ganz anders reagieren!

Prävention von Angriffen und Konflikten

Das typische Gesprächsverhalten	Vermutlich rechnet er/sie damit, dass Sie ...	So könnten Sie beim nächsten Mal reagieren:
Herr Clemens schneidet immer mit seinen neuesten Anschaffungen auf.	... ihn bewundern und sich nach Details erkundigen.	Den Wind aus den Segeln nehmen: „Wissen Sie, dass Herr Bauer den nächstgrößeren Wagen fährt?" Oder ausbremsen: „Mit Uhren kenne ich mich gar nicht aus. Wann genau wäre Ihnen der Termin recht?"
Frau Mayer meckert gerne über jedes Detail.	... sich schuldig fühlen und sich rechtfertigen.	Nicht persönlich nehmen: „Ich verstehe, dass Sie das stört, ich kümmere mich sofort darum." Oder genau nachfragen: „Wo genau sehen Sie das Problem?"

Wenn Sie jedes Mal so reagieren, wie Sie immer reagiert haben, werden Sie die immer gleichen Ergebnisse erzielen. Also überlegen Sie sich Alternativen, mit denen Ihr Gegenüber möglicherweise nicht rechnet – damit haben Sie einen wichtigen Schritt getan, dem Gespräch eine neue Wendung zu geben.

Alternative Reaktionen üben

Beispiel:

Ein Kollege von Petra ist so schweigsam, dass er kaum seine Getränkewünsche herausbekommt, wenn ein Treffen mit ihrem Chef ansteht. Bislang hatte Petra ihm immer eine ganze Reihe von Vorschlägen gemacht, darauf aber nur ein gebrummtes „Mhmm" geerntet, was ihr nicht weiterhalf. Diesmal winkt Sie einfach nur mit der Kaffeekanne, als der Kollege reinkommt, und lächelt ihn mit fragendem Gesichtsausdruck an. Er nickt vorsichtig. Damit ist alles gesagt.

Prävention von Angriffen und Konflikten

Wollen Sie ein Gespräch überhaupt führen?

Beobachten Sie sich selbst, wenn Sie einem schwierigen Gesprächspartner gegenüberstehen: Wollen Sie das Gespräch wirklich führen? Oder gehen Ihnen nicht vielmehr Gedanken durch den Kopf wie:

- „Ich habe jetzt echt was Wichtigeres zu tun, als diesem Schwätzer zuzuhören."
- „Kann der nicht jemand anders beschimpfen, muss ich hier wieder der Blitzableiter sein?"
- „Jetzt meckert der hier wieder herum, dabei haben wir wirklich Besseres zu tun ..."

Ihre Körpersprache verrät Sie

Diese Gedanken sind kleine Verräter Ihres Unterbewusstseins: Sie sind nicht bereit, sich wirklich auf Ihr Gegenüber einzulassen. Dabei ist es gerade in schwierigeren Gesprächssituationen besonders wichtig, dass Sie „mit dem ganzen Kopf" dabei sind. Wenn das nicht der Fall ist, wird Ihre Körpersprache Sie verraten:

- Sie runzeln die Stirn.
- Sie entgehen dem Blickkontakt.
- Sie versuchen, Ihrem Gegenüber körperlich auszuweichen.

Schwierige Gesprächspartner fordern Ihre ganze Aufmerksamkeit

Aufdringliche Gesprächspartner werden dadurch ihre Anstrengungen nur noch mehr verstärken, sehr zurückhaltende Gesprächspartner ziehen sich noch mehr zurück. Das heißt: Sie erreichen das Gegenteil von dem, was dem Gespräch auf die Sprünge helfen könnte.

Prävention von Angriffen und Konflikten

Ein schwieriger Gesprächspartner verlangt Ihre volle Aufmerksamkeit, damit
- ein ohnehin schon aggressiver Mensch nicht auch noch Ihren Unmut zu spüren bekommt,
- ein Unentschlossener wegen Ihrer Ungeduld nicht noch mehr verunsichert wird,
- ein Rechthaber auf Ihre „Ja, aber …"-Satzanfänge nicht erst recht in Fahrt gerät.

Seien Sie aufmerksam

Ein schwieriger Gesprächspartner fordert Ihre volle Konzentration. Nur dann haben Sie eine gute Chance, dem Gespräch eine positive oder für Sie gewinnbringende Wendung zu geben.

Schauen Sie hinter die Kulissen Ihres Gesprächspartners

Mehr Aufmerksamkeit im Gespräch hilft Ihnen, Ihren Gesprächspartner richtig einzuschätzen. Denn nicht selten verbirgt sich hinter einem bestimmten Verhalten eine Ursache, die Sie auf den ersten Blick vielleicht gar nicht vermuten würden.

Menschen haben nicht selten die Angewohntheit, etwas anderes hinter ihrem vordergründigen Verhalten zu verbergen (von dem sie vielleicht nicht einmal selbst etwas wissen):

Prüfen Sie die Hintergründe

- Jemand, der aggressiv ist, ist vielleicht in Wirklichkeit überfordert.
- Arroganz kann ein Zeichen für die Angst vor dem Versagen sein.
- Humorlosigkeit kann aus Unsicherheit entstehen.
- Nörgeln oder Lästern findet seinen Ursprung vielleicht im Überspielen der eigenen Minderwertigkeitsgefühle.

Diese Liste ließe sich um ein Vielfaches verlängern. Wichtig für Sie ist, dass Sie sich klarmachen: Ein be-

Prävention von Angriffen und Konflikten

stimmtes Verhalten kann eine versteckte Ursache haben, die wahrscheinlich nicht einmal dem Gesprächspartner selbst bewusst ist.

Das wiederum spricht natürlich dafür, dass Sie die Person auch nicht darauf ansprechen. Aber für Sie wird es leichter, mit dem Verhalten umzugehen.

Beispiel:

Tanja hat einen neuen Chef. Der ist erst ein halbes Jahr im Unternehmen und hat bereits die zweite Stufe auf der Karriereleiter hinter sich. Tanja kommt mit ihm nicht klar: Er ist ruppig, blafft sie auch bei kleinsten Anlässen an und ist nie zufrieden mit ihren Arbeitsergebnissen. Eines Tages aber wird Tanja klar: Ihr Chef hat Angst davor, den an ihn gestellten Ansprüchen nicht zu genügen. Ab dem Moment reagiert sie nachsichtiger und lobt ihn manchmal sogar. Seitdem hat sich ihr Verhältnis schon sehr entspannt.

Versetzen Sie sich in die Lage des anderen

Sicherlich haben Sie mehr Verständnis für einen Gesprächspartner, wenn Sie sich in seine Lage versetzen:
- Was könnte eine tief liegende Ursache für das Verhalten sein?
- Welches aktuelle Ereignis oder welcher (neuer) Umstand könnte das Verhalten ausgelöst haben?

Mit diesen Vermutungen haben Sie die Möglichkeit, auf andere Weise als bisher zu reagieren beziehungsweise das Gespräch zu lenken:
- Sie entwickeln Verständnis für Ihr Gegenüber.
- Sie schätzen die Lage besser ein.
- Sie können gelassener reagieren.
- Sie können vielleicht auch einfach mal über die Dinge hinwegsehen.

Prävention von Angriffen und Konflikten

Vermeiden Sie jeden Kommentar zu Ihren Beobachtungen!

Sie sind keine ausgebildete Psychologin, Sie können also nur raten und erahnen, welche Gründe Ihr Gegenüber für sein Verhalten hat. Wenn Sie merken, dass Ihre neue Strategie auch nach einer Weile nicht zum gewünschten Ergebnis führt, versuchen Sie es mit einem anderen Ansatz.

Vermeiden Sie es auf jeden Fall, mit Kollegen über Ihre Theorien zu sprechen. Ein „Ach, mein Chef ist nur unsicher, er meint das nicht so" kann nicht nur Ihr Arbeitsverhältnis empfindlich beeinträchtigen, es kann Ihren Chef und auch Sie den guten Ruf und die Karriere kosten.

Behalten Sie Ihre Erkenntnisse für sich

Verwenden Sie Ihre Überlegungen nur, um neue Gesprächsstrategien auszuprobieren. Ein Gespräch darüber ist absolut tabu!

Nutzen Sie die wichtigsten Gesprächsführungsinstrumente

Wenn Sie Ihre volle Aufmerksamkeit auf Ihren Gesprächspartner lenken und bereits Vermutungen anstellen können, worauf dessen Gesprächsverhalten gründet, haben Sie schon zwei wichtige Schritte für ein gewinnbringendes Gespräch getan. Mit ein paar wenigen Instrumenten können Sie nun die Gesprächsführung übernehmen.

Bleiben Sie professionell

Auch wenn Ihr Gesprächspartner versucht, Sie aus der Fassung zu bringen mit dummen Sprüchen, Aggression oder Herumnörgeln: Bleiben Sie cool. Trennen Sie die

Prävention von Angriffen und Konflikten

Sache, um die es geht, von sich selbst als Person. Nehmen Sie Angriffe nicht persönlich, sondern haken Sie die ab unter: *„Der brauchte das jetzt. Hoffentlich geht es ihm jetzt besser."*

Geben Sie Ihrem Gesprächspartner, was er braucht

Braucht Ihr Gegenüber Trost? Geben Sie ihm diesen. Ihr Gesprächspartner muss beruhigt werden? Machen Sie es einfach. Manchmal reicht es schon, wenn Sie mit schlichten Worten zeigen können, dass Sie für die Probleme des anderen Verständnis haben. Das gibt Ihrem Gegenüber das Gefühl, ernst genommen zu werden.

Beispiel	Ihre Unterstützung
Der Kollege schäumt: „Das ist ja wirklich das Allerletzte, geht es denn hier nie ohne Fehler?"	*„Ich kann gut verstehen, dass Sie sauer sind darüber. Ich mache Ihnen einen Vorschlag ..."*
Der Ungeduldige schimpft: „Muss ich denn immer alles dreimal erklären?"	*„Ich sehe, Sie sind unter Zeitdruck. Das ist klar, dass Sie das nervös macht. Wie wäre es, wenn ...?"*

5 Tipps für Ihr Verhalten

Stellen Sie gezielte Fragen

Eines der besten Gesprächsführungsinstrumente ist das Fragenstellen. Ob aggressive oder entscheidungsschwache Gesprächspartner – Sie können mit Fragen das Gespräch in die Hand nehmen.

Prävention von Angriffen und Konflikten

Beispiel	Ihre Rückfrage
Ein erboster Kunde schimpft: „Stellen Sie mich gefälligst zu Ihrem Chef durch, mit Ihnen diskutiere ich das nicht!"	Sie machen eine Feststellung und hängen dann eine Frage an: *„Mein Chef ist in einer Besprechung. Was kann ich ihm ausrichten?"* <u>Oder:</u> *„Ich habe volle Weisungsbefugnis. Was genau möchten Sie wissen?"*
„Ich kenne mich da aus und lasse mich nicht von Ihnen belehren."	Sie fragen nach der Lösung: *„Wie genau kann ich Ihnen denn jetzt helfen?"* <u>Oder:</u> *„Wie würden Sie es denn genau machen?"*
Der Macho aus der Nachbarabteilung prahlt: „Den Typen habe ich im Meeting aber eingeseift. Wann darf ich das denn mal mit *Ihnen* tun?"	Mit einem Augenzwinkern: *„Sind Sie sich sicher, dass Sie sich die Seife leisten können, die ich bevorzuge?"*

Einige Antworten wirken frech auf Sie? Das ist volle Absicht. Sie sollen schließlich Gesicht zeigen und für Ihre Sicht der Dinge einstehen. Und wenn Sie obendrein noch zeigen können, dass Sie über sich selbst lachen können, nimmt das Ihrem Gegenüber ganz schnell den Wind aus den Segeln.

Stimmen Sie unerwartet zu

In manchen Situationen bietet es sich an, wenn Sie einfach nur „Ja" sagen. Voraussetzung ist, dass der Spruch oder Vorwurf stimmt.

Prävention von Angriffen und Konflikten

Beispiel	Ihre Reaktion
Der Sprücheklopfer trumpft mal wieder auf: „Sie sind ja hier die Küchenfee, nicht wahr?"	Stimmen Sie zu und hängen Sie eine Frage dran: *„Gut beobachtet! Darf ich Ihnen noch etwas kredenzen?"*
Der Choleriker schnauft: „Die Unterlagen sind schon wieder nicht vollständig!"	Stimmen Sie zu und liefern Sie eine schnelle Lösung: *„Stimmt, da fehlt noch die aktuelle Bilanz. In fünf Minuten ist alles komplett!"*

Stellen Sie falsche Aussagen glasklar richtig

Wenn Ihnen etwas gesagt wird, das nicht den Tatsachen entspricht, gibt es ein sehr wirksames Gesprächsinstrument. Dazu sollten Sie auf Ihre Körperhaltung und Stimme achten: Halten Sie sich gerade, schauen Sie Ihrem Gegenüber in die Augen, und sprechen Sie mit etwas stärkerer Stimme als gewöhnlich. Das wirkt selbstbewusst. Und dann stellen Sie die Fakten mit klaren Worten richtig. Wenn Sie eine Aussage glasklar richtigstellen, können Sie zur Ablenkung wieder eine Frage hinterherschicken. Wenn Sie damit außerdem noch vom Thema abweichen, haben Sie das Gespräch in die von Ihnen gewünschte Richtung gelenkt.

Beispiel	Ihre Reaktion
Der Lästerer meckert: „Der Schmitz ist doch völlig unfähig!"	*„Das ist falsch. Herr Schmitz hat sich mit seinen Vorgehensweisen absolut bewährt. Welchen Termin bevorzugen Sie denn jetzt für das Meeting?"*
Der Rechthaber schnauft: „Diese Präsentation strotzt nur so von Zahlenfehlern."	*„Im Gegenteil. Alle Daten sind mehrfach überprüft. Wie viele Teilnehmer erwarten Sie heute bei der Veranstaltung?"*

Prävention von Angriffen und Konflikten

Zeigen Sie Grenzen auf, wenn es nötig wird

Nicht immer ist es mit Verständnis und Langmut getan. Haben Sie Mut und zeigen Sie schwierigen Gesprächspartnern, wenn diese eine Grenze überschritten haben. Sie müssen sich nicht alles gefallen lassen, egal, ob es sich bei Ihrem Gesprächspartner um Ihren direkten Vorgesetzten oder einen Besucher handelt.

Um Ihren Gesprächspartner auf die Grenzüberschreitung aufmerksam zu machen, sollten Sie auf die so genannte Metaebene gehen. Das heißt, Sie reagieren nicht mehr darauf, was gesagt wurde, sondern vor allem auf die Art, wie es gesagt wurde.

Wenn Ihr Gesprächspartner zu weit geht

Der Gesprächspartner ...	Sie machen deutlich, dass Sie ...
... geht deutlich unter die Gürtellinie: „Ihr enger Pulli macht mich ganz nervös!"	... dieses Niveau nicht akzeptieren: *„Mein Pulli steht hier nicht zur Debatte, bitte unterlassen Sie solche Bemerkungen."*
... wird ausfallend: „Das ist ja der letzte Sauhaufen hier!"	... sich diesen Tonfall verbitten: *„Bitte mäßigen Sie sich, das ist nicht der Ton, den wir hier üblicherweise anstimmen."*

Auch in weniger aufregenden Gesprächssituationen sind deutliche Worte wichtig, um im Gespräch nicht unterzugehen.

Der Gesprächspartner ...	Sie machen deutlich, dass Sie ...
... spricht schlecht über andere: „Der Schmitz hat ja nicht die Spur einer Ahnung."	... in das Lästern nicht mit einstimmen werden: *„Wir sollten mit den Menschen reden, nicht über sie. Regeln Sie das bitte untereinander."*

Prävention von Angriffen und Konflikten

Der Gesprächspartner ...	Sie machen deutlich, dass Sie ...
... nörgelt an Ihrer Arbeit herum: „Das musste ja schiefgehen, aber ich hatte es auch nicht anders von Ihnen erwartet."	... Verständnis in der Sache, aber nicht mit dem Ton haben: *„Ich bin mit Ihnen einer Meinung, dass hier Verbesserungsbedarf ist. Aber das heißt nicht, dass Sie meine Kompetenz grundsätzlich infrage zu stellen haben."*

Der beste Trick, der (fast) immer funktioniert

Es gibt eine Möglichkeit, wie man bei fast jedem Gesprächspartner – und sei er noch so schwierig – eine positive Reaktion auslöst. Egal, ob Sie Ihr Gegenüber
- beschwichtigen,
- aktivieren,
- unterstützen oder
- ausbremsen

wollen, es gibt eine Verhaltensweise, der nur wenige widerstehen können: Seien Sie charmant!

Freundlichkeit ist der beste Trumpf

Mit echter – nicht gespielter (!) – Freundlichkeit, mit einem gewinnbringenden Lächeln, mit aufrichtigem Interesse an Ihrem Gegenüber haben Sie einen besonderen Trumpf im Ärmel.

Wichtig aber ist: Dieser Charme, diese Freundlichkeit, das ausgesprochene Lob, all das muss wirklich aus Ihrer tiefsten Überzeugung kommen. Sonst werden Ihre Körpersprache und Ihre Stimme Sie verraten, das bekommt Ihr Gegenüber auf jeden Fall mit – bewusst oder unbewusst. Und dann kann genau die gegenteilige Wirkung entstehen.

Prävention von Angriffen und Konflikten

Vermeiden Sie Konflikte mit Kollegen

Konflikte können Sie oft vermeiden, wenn Sie aktiv werden und sie schon dann beseitigen, wenn sie beginnen.

Die meisten Konflikte beruhen auf Missverständnissen oder gekränkten Gefühlen

> **Beispiel:**
>
> *Corinna ist Sekretärin der Geschäftsführung und hat sich ohne Studium „hochgearbeitet". Corinna hat jetzt eine neue Kollegin im Sekretariat bekommen: Heike hat studiert und musste sich nicht „hochdienen". Corinna fühlt sich trotz jahrelanger Erfahrung gering geschätzt.*

Heike kann nichts dafür, dass sich Corinna „missachtet" fühlt. Wenn Corinna dauerhaft so enttäuscht ist, dass sie mit Heike nicht zusammenarbeitet, kann sich das Ganze zu einem tiefen Konflikt auswachsen. Charakteristisch für einen Konflikt ist, dass sich Sachebene und Beziehungsebene vermischen. Viele Konflikte entstehen auch aus Missverständnissen – oder verschärfen sich dadurch.

Sach- und Beziehungsebene vermischen sich

> **Fortsetzung unseres Beispiels:**
>
> *Heike einigt sich mit dem Geschäftsführer, dass der Auftritt auf der Messe „P. L. us" eingespart wird. Als sie Corinna das mitteilt, fühlt diese sich übergangen, denn die „P. L. us" war bisher ihr Projekt. Sie schmollt und denkt, dass Heike sie „rausekeln" will. Dabei ist das gar nicht so.*

Spätestens jetzt sollte Heike spüren, dass Corinna enttäuscht ist, und das Gespräch suchen. Vor allem sollte sie gut zuhören, damit sie verstehen kann, warum Corinna

Prävention von Angriffen und Konflikten

so schmollt und traurig ist. Sie sollte ihr glaubhaft versichern:

> „Mir fehlt tatsächlich einiges an Praxis und an Erfahrung, die du natürlich einfach mitbringst. Aber ich möchte von dir lernen und mit dir gut auskommen!"

Tatsächlich wären Heike (topaktuelle Ausbildung) und Corinna (viel Erfahrung) ein Dreamteam.

Werden Sie rechtzeitig aktiv

Konflikte werden nicht gelöst, wenn man sie totschweigt. Wenn Sie merken, dass ein Konflikt entsteht, können Sie Unstimmigkeiten rechtzeitig ansprechen und oft die Schwierigkeiten beseitigen.

4 Regeln, um Unstimmigkeiten zu vermeiden

Beachten Sie die folgenden Regeln:

Finden Sie die richtigen Worte

Einen beginnenden Konflikt unter Kollegen anzusprechen erfordert Fingerspitzengefühl. Versetzen Sie sich in die Person hinein. Sie muss auch bei berechtigter Kritik ihr Gesicht wahren können.

Diplomatie

Oft genügt es schon, das eigene Verhalten zu verändern.

> **Beispiel:**
>
> *Sybille stört es sehr, dass ihre Kollegin immer sofort am Montagmorgen fragt: „Was hast du am Wochenende gemacht?" Sie fühlt sich ausgehorcht.*

Wahrscheinlich wird es genügen, wenn Sybille ab sofort knapp antwortet: *„Ach, nicht viel."* Wahrscheinlich will

Prävention von Angriffen und Konflikten

die Kollegin mit ihren Fragen nur freundlich sein. Sollte das nichts nützen, wird Sybille sagen müssen: *„Du, sei mir nicht böse, ich möchte nicht über mein Wochenende sprechen."*

Senden Sie „Ich-Botschaften"

Formulieren Sie unangenehme Nachrichten immer als „Ich-Botschaften". Das bedeutet: Sie sprechen über sich und über das, was Sie nicht mögen. Das ist weniger verletzend als Du- oder Sie-Botschaften.

Keine Du/Sie-Botschaften

So nicht:

> „Seit einem halben Jahr nimmst du mich nicht in den E-Mail-Verteiler auf. Den letzten Länderbericht aus Tschechien hast du mir wieder vorenthalten. Das sehe ich gar nicht ein!"

Neben den Du-Botschaften, die wie Befehle klingen, ist hier das „Das sehe ich gar nicht ein!" eine Formulierung, die abwertet und verurteilt. Formulieren Sie beschreibend statt wertend.

Besser so:

> „Ich habe den Länderbericht aus Tschechien wieder nicht erhalten. Als unser neuer Repräsentant aus Prag angerufen hat, wusste ich nicht, wer er ist. Es ist wichtig für mich und meine Arbeit, dass du mich auf den Verteiler setzt. Kannst du das bitte machen?"

Diese neutrale Formulierung mit vielen Ich-Formulierungen kritisiert zwar etwas, aber gleichzeitig ist sie auch eine Einladung zum Gespräch.

Prävention von Angriffen und Konflikten

Außerdem ist hier im Gegensatz zum ersten Beispiel eine sachliche Begründung enthalten.

Unser Tipp: Vermeiden Sie die Wörtchen „doch" oder „gefälligst". Vermeiden Sie auch die Frage „Warum?". Dadurch fühlt sich Ihr Gegenüber schnell wie am Pranger.

So nicht:

„Unterbrechen Sie mich doch nicht dauernd! Lassen Sie mich doch auch mal ausreden!"

So auch nicht:

„Warum unterbrechen Sie mich eigentlich die ganze Zeit?"

Besser so:

„Herr Hörmann, ich möchte diesen Punkt gerade noch zu Ende bringen."

Schlichten Sie einen Streit schon, bevor er beginnt

Im stressigen Büroalltag kann es immer wieder vorkommen, dass sich ein normales Gespräch plötzlich fast zu einem Streitgespräch auswächst.

In diesem Fall sollten Sie sofort Spannungen abbauen:

Spannungen auflösen

„Herr Bauer, wir haben uns jetzt fast gestritten. Ich denke, wir sind dabei, eine gute Lösung zu finden. Wissen Sie, Herr Bauer: Ich will mit Ihnen gut auskommen! Das ist mir sehr wichtig."

Prävention von Angriffen und Konflikten

Unsere Empfehlung: Der Satz *„Ich will mit Ihnen gut auskommen"* wirkt manchmal wahre Wunder.

Schreiten Sie bei Lästern und Mobbing ein

Beispiel:

Gabi hört, wie ein Kollege über die neue Mitarbeiterin Frau Bruns lästert und ihr unterstellt, sie hätte keine Berufserfahrung in der Finanzbranche und sei eine Hochstaplerin. Gabi weiß, dass das nicht stimmt, weil die Bewerbungsunterlagen über ihren Schreibtisch gegangen sind.

Gabi ist Zeugin von beginnendem Mobbing. Sie sollte sich sofort einschalten: *„Das stimmt nicht! Frau Bruns hat jahrelang bei einem Anlageberater und bei Banken gearbeitet. Ich habe die Zeugnisse gesehen."*

Rechtzeitig die Bremse ziehen

Stellen Sie sich vor, jeder Mitarbeiter würde sofort so handeln wie Gabi! Sie wären bestimmt ein Dreamteam, in dem Mobbing keine Chance hat.

Falsch wäre es allerdings, einen Kollegen oder eine Kollegin, die falsche Informationen verbreitet, persönlich anzugreifen. Vielleicht hat jemand anders dieses Gerücht in die Welt gesetzt, und die Kollegin quasselt es „nur" ungeprüft weiter.

Schreiten Sie bei beginnendem Mobbing auch dann ein, wenn Sie nicht zufällig alle Informationen zur Hand haben: *„Ich bin sicher, Frau Bruns verfügt über die nötigen Qualifikationen, sonst wäre sie wohl kaum hier eingestellt worden. Oder gibt es ein konkretes Problem?"*

Prävention von Angriffen und Konflikten

Auch wenn Sie keine „Beweise" haben, sollten Sie ein beginnendes Mobbing stoppen, bevor es ein Problem wird.

So vermeiden Sie Konflikte

Lesen Sie im Folgenden Tipps, wie Sie Konflikte früh erkennen und lösen:

1. Nehmen Sie bei Ihrer Arbeit die Atmosphäre wahr. Wie reagieren Kollegen auf Sie? Wie ist der Umgangston? Je feinfühliger Sie werden, desto früher erkennen Sie beginnende Konflikte.
2. Loben Sie Ihre Kollegen, wenn etwas gut funktioniert hat.
3. Danken Sie Ihren Kollegen, wenn sie Ihnen Informationen geben und Ihnen weiterhelfen.
4. Sehen Sie auch schwierige Kollegen als Mitmenschen und Teammitglieder.
5. Misstrauen Sie Bürogerüchten. Sie wissen nicht, wie die entstanden sind. Fragen Sie im Zweifel bei dem Betroffenen nach.
6. Akzeptieren Sie die Fehler und Schwächen anderer.
7. Stehen Sie zu Ihren eigenen Fehlern und Schwächen. Geben Sie Fehler zu, vertuschen Sie nichts.
8. Wenn Sie sich einmal nicht ganz korrekt verhalten haben, entschuldigen Sie sich sofort.
9. Nehmen Sie nicht alles persönlich. Wenn Sie beispielsweise gern in den Vertrieb eingestiegen wären, aber eine andere Teamassistentin zum Zug kommt – dann gönnen Sie ihr die neue Herausforderung einfach. Die nächste Chance für Sie kommt bestimmt.
10. Sehen Sie kleinere Streitereien, die durch Stress entstehen, mit Humor.
11. Bevorzugen Sie niemanden. Sie müssen nicht mit allen im Büro dick befreundet sein.

Schlagfertig gegen den Angriff wehren

Wenn es doch zum Angriff kommt – So verhalten Sie sich richtig und schlagfertig

Lesen Sie in diesem Kapitel, wie Sie Ihre Sprachlosigkeit bei einem Angriff überwinden und immer die passende Antwort parat haben.

Wie Sie souverän auf Manipulationen und unfaire Angriffe reagieren

> **Beispiel:**
>
> *Martina sitzt wie gewohnt beim Meeting neben ihrem Chef. Plötzlich dreht dieser sich zu ihr und sagt, lächelnd: „Soso, heute mal Hosen an? Wollen Sie etwa mitreden …?" Martina läuft rot an – sagt aber nichts. Eine Stunde später kommt ihr die Antwort, die sie ihrem Chef hätte geben sollen: „Na klar, und morgen trage ich Krawatte und mache Ihren Job gleich mit!"*

Mal Hand aufs Herz: Hätten Sie eine solche oder eine ähnliche Antwort gegeben, wenn die Ihnen im entscheidenden Moment eingefallen wäre …?

Oft ist man zu gehemmt, um schlagfertig zu antworten

Da geht das Problem schon los: In vielen Köpfen sind Schlagfertigkeitsverhinderungsprogramme am Werk! Wenn Sie selbst angegriffen werden, leuchten vielleicht plötzlich auch jede Menge roter Lichter in Ihrem Innern auf:

Sprachlosigkeit überwinden

- „Ich darf jetzt nicht frech werden, das ist doch mein Chef."
- „Was sollen denn die anderen denken, wenn ich mich jetzt wehre?"
- „Es steht mir in meiner Position nicht zu, dazu etwas zu sagen."

Schlagfertig gegen den Angriff wehren

All diese roten Lichter werden Sie davon abhalten, eine passende Antwort zu geben. Denken Sie daher beim nächsten Angriff daran:

Jeder hat Sie respektvoll zu behandeln

- Wenn jemand Sie unfair angreift, hat er dazu nicht mehr Recht als jeder andere auch – also ist es auch Ihr gutes Recht, sich angemessen zu wehren.
- Ihre Position im Unternehmen macht Sie nicht zum Fußabtreter der anderen. Machen Sie sich Ihre Schlüsselfunktionen bewusst; die hat niemand infrage zu stellen!

Stehen Ihnen Ihre eigenen Gefühle im Weg?

Doch neben den roten Lichtern sind Ihnen vielleicht auch noch Ihre eigenen Gefühle im Weg:

> **Beispiel:**
>
> *Elke ahnt es schon, als ihr der Kollege aus der anderen Abteilung auf dem Gang entgegenkommt: Jetzt muss ja ein Spruch kommen! Und tatsächlich: „Na?", raunt er im Vorbeigehen. „Heute schon Kaffee gekocht?" Elke schnappt nach Luft. Sie ärgert sich und will sich verteidigen. Doch ihr kommt nur ein trotziges „Nein, heute noch nicht!" über die Lippen. Dabei würde sie ihm so gerne mal was richtig Gemeines hinterherschicken …*

Wenn Sie von Kollegen oder Ihrem Chef mit unfairen Angriffen konfrontiert werden, reagieren Sie vielleicht oft nicht so, wie Sie es gern wollen. In Ihnen selbst spult sich in dem Moment eine ganze Kette von Gefühlen ab:

Emotionen, die im Spiel sind

- Sie haben sich schon beim Anblick der Person innerlich verspannt, weil Sie wissen, dass jetzt wieder eine unpassende Bemerkung kommen wird.

Schlagfertig gegen den Angriff wehren

- Sie fühlen sich persönlich angegriffen und wollen sich rechtfertigen.
- Sie fühlen sich missverstanden oder falsch wahrgenommen.
- Sie wollen sich gegen Gemeinheiten wehren, die Sie aber einfach sprachlos machen.

Leider bleibt Ihnen oft die passende Antwort im Hals stecken, weil Sie von den aufwallenden Gefühlen überrollt werden. Die Gefühle selbst können Sie nur schwer verhindern, aber Sie sind schon einen wesentlich Schritt weiter, wenn Sie sich diese bewusst machen. Dann können Sie Einfluss darauf nehmen, wie Sie selbst mit Ihren Gefühlen umgehen.

Gefühle bewusst machen

Erlauben Sie sich, sich zu wehren!

Jemand, der Sie mit seiner Äußerung
- persönlich verletzt,
- vor anderen bloßstellt,
- manipulieren will oder
- sogar belästigt,

sollte von Ihnen die Antwort erhalten, die er oder sie verdient hat. Denn diese Person geht Ihnen gegenüber zu weit. Wer sagt also, dass Sie das zulassen müssen, ohne sich zu wehren?

Damit Sie die richtigen Antworten auf unfaire Angriffe finden, müssen Sie sich oft auf eine Gratwanderung einlassen. Gerade in Ihrem Beruf sollten Sie sich darüber im Klaren sein,
- wer Sie angreift,
- was dahinterstecken könnte,
- ob das Verhalten einfach typisch für die Person ist,
- wie Ihre Position gegenüber dem Angreifer ist,
- wie viel Sie sich gefallen lassen wollen.

Schlagfertig gegen den Angriff wehren

Entwickeln Sie ein Gespür dafür, wie viel Ihr Gegenüber „verträgt". Mit manchen Kollegen können Sie vielleicht etwas salopper umspringen als beispielsweise mit dem Chef einer anderen Abteilung.

Verlassen Sie sich auf Ihr Bauchgefühl, welche Technik Sie in welcher Situation angemessen finden!

Lernen Sie Ihre wunden Punkte kennen!

Mit am heftigsten reagieren Sie wahrscheinlich auf Angriffe, bei denen ein wunder Punkt getroffen wurde:

Der Angriff	Ihr wunder Punkt	Eine typische Reaktion
„Sie haben ja schon wieder eine Laufmasche!"	Sie ärgern sich über sich selbst, weil Sie mal wieder mit einer hektischen Bewegung den Schaden selbst herbeigeführt oder mal wieder nicht an die Ersatzstrümpfe gedacht haben.	Sie erröten, weil es Ihnen unangenehm ist. Oder Sie rechtfertigen sich aufwändig: „Ach, ich habe mal wieder nicht aufgepasst, als ..."
„Jetzt stellen Sie sich mal nicht so mädchenhaft an."	Sie haben das Gefühl, dass Ihre Argumente wegen Ihres Geschlechts nicht für voll genommen werden.	Sie reagieren zu scharf oder sogar beleidigt.
„Ihnen sage ich das nicht, Sie sind doch nur die Sekretärin."	Sie haben das Gefühl, wieder nicht korrekt wahrgenommen zu werden.	Sie werden wütend darüber, herabgewürdigt worden zu sein, und finden keine passende Erwiderung. Oder Sie reagieren genervt: „Dann eben nicht!"

Schlagfertig gegen den Angriff wehren

Wenn Sie an Ihrem wunden Punkt getroffen werden, reagieren Sie reflexartig:

Ihre Reaktion	Angriff	Ihre Antwort	Wirkung beim Gegenüber
Sie entschuldigen sich wortreich.	„Der Brief ist ja immer noch nicht fertig!"	„Tut mit leid, ich hatte gerade noch drei Telefonate und außerdem musste ich noch ein anderes Projekt erledigen, und der Kopierer ist kaputt."	Sie wollten sich herausreden.
Sie rechtfertigen sich.		„Hier stürzt immer alles auf mich ein!"	Sie seien wohl überfordert.
Sie schweigen betroffen.		–	Sie seien eine graue Maus.
Sie reagieren vielleicht sogar genervt.		„Herrje, ich kann nicht zaubern!"	Sie seien unsachlich.

Wohl fühlen Sie sich bei all Ihren Reaktionen sicherlich nicht. Aber für einen nächsten Angriff dieser Art können Sie sich wappnen! Überlegen Sie sich dazu mal, wie Ihre wunden Punkte aussehen:

- Wann reagieren Sie besonders heftig auf Bemerkungen anderer?
- Gibt es Eigenschaften an Ihnen, die Sie selbst stören?
- Gibt es Äußerlichkeiten an Ihnen, die Ihnen selbst nicht gefallen?
- Gibt es fachliche Schwächen, die Sie gerne ausbessern würden?

Definieren Sie Ihre wunden Punkte

Wenn Sie sich im Klaren sind, wo Ihre wunden Punkte liegen, können Sie auf entsprechende Angriffe besser reagieren.

Schlagfertig gegen den Angriff wehren

> **Unsere Empfehlung:** Machen Sie sich bewusst: Jede vermeintlich schlechte Eigenschaft hat ihre guten Seiten!

Ihre vermeintlich schlechte Eigenschaft	Die gute Seite daran
Sie seien eher schüchtern.	So treten Sie niemandem vorschnell auf die Füße.
Sie seien manchmal etwas vorlaut.	So weiß jeder, woran er bei Ihnen ist.

Und jetzt Sie:

Welche vermeintlich schlechten Eigenschaften/Angewohnheiten haben Sie?	Was ist das Gute daran? Welche Vorteile ergeben sich daraus?
…	…
…	…
…	…

Alles Negative hat auch gute Punkte

Wenn Ihnen selbst zu einer bestimmten Eigenschaft nichts Positives einfällt, fragen Sie jemand anderen: „Was ist das Gute an …?" Sie werden sehen, es findet sich immer etwas Positives.

Machen Sie Schluss mit Rechtfertigungen!

Mit diesem Umdenken sind Sie besser gewappnet, wenn Sie wieder jemand an Ihrem wunden Punkt erwischt. Sie können dann einfach darüberstehen und unerwartet oder sogar übertrieben zustimmen.

Stimmen Sie zu

Oft geht ein Angreifer davon aus, dass seine Bemerkung den anderen wurmt. Wenn Sie **unerwartet zustimmen**, nehmen Sie dem Angreifer sozusagen die Angriffsfläche weg. Das hat meist einen sehr verblüffenden Effekt. Mit

Schlagfertig gegen den Angriff wehren

einer **übertriebenen Zustimmung** bringen Sie auch noch ein Augenzwinkern hinein. Damit rechnet Ihr Gegenüber sicher nicht!

Der Angriff	Die Technik	Ihre Antwort in Zukunft
„Na, heute schon Kaffee gekocht?"	unerwartete Zustimmung mit Frage	„Selbstverständlich! Möchten Sie auch einen?"
„Sie haben ganz schön zugenommen im Urlaub!"	unerwartete oder übertriebene Zustimmung	„Stimmt, gut beobachtet!" Oder: „Na klar, mein Urlaubsgeld wurde mir in Lebensmitteln ausgezahlt!"
„Sie haben ja schon wieder eine Laufmasche!"	übertriebene Zustimmung	„Richtig, und gestern hatte ich sogar zwei!"
Kurz vor Feierabend: „Sie sehen aber müde aus!"	übertriebene Zustimmung	„Sie hätten mich mal heute Morgen sehen müssen!"

Mit solchen Antworten zeigen Sie, dass
- Sie Ihre eigenen Schwächen kennen und damit gut leben können,
- Sie über sich selbst lachen können,
- Sie sich nicht von anderen direkt oder indirekt sagen lassen wollen, wie Sie in deren Augen besser sein sollten,
- Sie selbstbewusst zu sich und Ihren Aufgaben stehen.

Ganz wichtig: Liefern Sie auch nach Ihrer Zustimmung **keine weiteren Rechtfertigungen**. Das würde die Wirkung massiv schwächen.

Diese Techniken funktionieren natürlich nur dann, wenn das, was Ihnen vorgeworfen wurde, auch stimmt.

Schlagfertig gegen den Angriff wehren

Wehren Sie sich gegen „falsche Fakten"

Wehren Sie sich gegen Falschaussagen

Es gibt Situationen, in denen Sie einem Angriff nicht zustimmen können. Das ist natürlich vor allem dann der Fall, wenn der Angriff jeder Grundlage entbehrt, sprich: Ihr Gegenüber stellt eine Behauptung auf, die schlicht falsch ist.

Beispiel:

Barbara arbeitet bereits seit vier Stunden an einer Präsentation und ist fast fertig. Für einen kleinen Moment lehnt sie sich im Bürostuhl zurück und schließt kurz die Augen, die mittlerweile müde geworden sind. Genau in diesem Moment platzt der Chef einer anderen Abteilung herein. „Sie haben es ja gut hier! Meine Sekretärin ist wenigstens ausgelastet!" Barbara stammelt: „Aber – ich arbeite doch! Ich habe gerade nur mal kurz Pause gemacht!" Jetzt ärgert sie sich erst recht: Wieso rechtfertige sie sich überhaupt? Leider zu spät ...

Wenn jemand Sie angreift mit einer Bemerkung, die nicht den Tatsachen entspricht, ist es besonders wichtig, dass Sie selbstbewusst und mit deutlichen Worten reagieren. Das geht am besten, indem Sie den Angriff **glasklar richtigstellen**. Diese Technik setzt sich aus zwei Schritten zusammen:

Stellen Sie das Gesagte richtig

1. Bewerten Sie den Vorwurf mit einer deutlichen Formulierung, zum Beispiel mit „Im Gegenteil", „Das ist falsch" oder „Sie täuschen sich". Wichtig: Gehen Sie am Ende dieser Bewertung mit der Stimme nach unten.

2. Stellen Sie die „falschen Fakten" mit klaren und knappen Worten richtig.

Schlagfertig gegen den Angriff wehren

Der Angriff	Die Technik	Ihre Antwort in Zukunft
„Sie haben wohl nichts zu tun?"	glasklar richtigstellen	„Sie täuschen sich. Ich arbeite heute schon seit 7 Uhr morgens."
„Sie geht das nichts an, sondern nur Ihren Chef."	glasklar richtigstellen mit Fakten	„Sie täuschen sich. Das geht mich sehr wohl etwas an. Mein Chef hat mich legitimiert."
„Haben Sie nichts Besseres zu tun?"	glasklar richtigstellen mit Ablenkungsfrage	„Im Gegenteil. Diese Aufgabe hat höchste Priorität. Bis wann kann ich heute Ihre Unterlagen erwarten?"

Sehr wichtig ist, dass Sie

- die Worte mit fester Stimme aussprechen,
- Blickkontakt halten
- und eine aufrechte Haltung einnehmen.

Sprechen Sie selbstbewusst

Damit zeigen Sie Selbstbewusstsein und dass Sie ganz klar eine andere Meinung als Ihr Gegenüber vertreten. Wenn Sie dem anderen anschließend den Blickkontakt entziehen, signalisieren Sie deutlich, dass die Sache für Sie damit erledigt ist. Die Ablenkungsfrage hilft, das Thema zu wechseln und damit vom vorherigen Angriff abzulenken.

Wie Sie Zeit gewinnen und beim Thema bleiben

Manche Situationen erfordern es, dass Sie Ihren Angreifer nicht einfach nur abblitzen lassen. In Meetings oder Gesprächen mit mehreren Beteiligten wird es Ihr Ziel sein müssen, im Gespräch zu bleiben. Da brauchen Sie Strategien, mit denen Sie erst mal Zeit gewinnen. Eine sehr hilfreiche Technik ist hierbei, mit einer **Rückfrage** zu reagieren.

Rückfragen stellen

Schlagfertig gegen den Angriff wehren

Der Angriff	Die Technik	Ihre Antwort in Zukunft
„Sie sind doch hier nur die Tippse!"	Rückfrage nach Definition	„Was verstehen Sie unter Tippse?"
„Ihre Kollegin kann das aber viel schneller."	Rückfrage nach Definition oder Rückfrage nach Fakten	„Was meinen Sie mit schnell?" Oder: „Wann genau brauchen Sie die Präsentation?"
„Schicke Schuhe – aber nicht fürs Büro!"	Rückfrage nach Lösung	„Welche Schuhe wären Ihrer Meinung nach denn besser geeignet?"
„Wann ist der Brief denn endlich fertig?"	Rückfrage nach Lösung bzw. Fakten	„Bis wann genau brauchen Sie den Brief?"

Die Rückfrage hat den positiven Effekt, dass der andere jetzt erst mal antworten muss. Dadurch

- gewinnen Sie Zeit,
- werden ruhiger, da der Fokus zunächst auf die andere Person gelenkt ist, und
- bringen das Gespräch auf die Sachebene zurück – also auf das, worum es eigentlich geht.

Blicken Sie nach vorn!

Es dauert länger, wenn Sie auf einen Vorwurf mit Rechtfertigungen reagieren und Begründungen aneinanderreihen. Das fühlt sich auch für Sie selbst nicht gut an. Und Sie drehen sich mit Ihrer Antwort nur um das Problem und nicht um die Lösung.

Auch eine Lösung, die erst in der Zukunft eintritt, ist in den Ohren Ihres Gegenübers eine Lösung. Daher eignet sich die Technik **Lösung in der Zukunft** sehr gut, um Ihrem Gegenüber den Wind aus den Segeln zu nehmen.

Schlagfertig gegen den Angriff wehren

Der Angriff	Die Technik	Ihre Antwort in Zukunft
„Die Unterlagen liegen ja immer noch nicht vor!"	Lösung in der Zukunft	„Sie haben sie in zehn Minuten auf dem Tisch."
„Sie sind nicht konfliktfähig."	Lösung in der Zukunft	„Ich werde mich in Zukunft über diesen Punkt nicht mehr aufregen."

Wichtig bei dieser Technik: Machen Sie keine Versprechungen, die Sie nicht halten können!

Kommen Sie auf den Kern des Gesprächs zurück!

Wenn ein Gespräch plötzlich emotional wird, sollten Sie stets versuchen, auf das eigentliche Thema zurückzukommen. Falsch wäre es, die Emotionalität hochzuschaukeln. Damit kommen Sie nicht weiter.

Emotionen unterdrücken

Beispiel:

Bettina hat Probleme mit dem Beamer, der das Laptopbild partout nicht zeigen will. Ihr Chef wird ungeduldig: „Mann! Frauen und Technik! Typisch!" Bettina reagiert sofort emotional auf seine Ungeduld: „Dann machen Sie es doch! An mir liegt das hier gerade nicht!" Anschließend bleibt während des gesamten Meetings die Stimmung angespannt ...

Bettina hat auf die emotionale Seite des Angriffs reagiert. Besser wäre es gewesen, sie hätte sich auf die rein sachliche Ebene konzentriert. Dann hätte sie antworten können:
- *„Ich habe tatsächlich gerade ein Problem. Kennt jemand die Tastenkombination, damit der Beamer das Signal findet?"*
- *„Ich habe das gleich gelöst. Vielleicht nehmen Sie sich schnell noch einen Kaffee, dann kann es losgehen."*

Schlagfertig gegen den Angriff wehren

Die Chance, dass das Meeting anschließend entspannter abläuft, ist jetzt natürlich wesentlich größer. Eine elegante Möglichkeit ist auch die Technik des **übergeordneten Ziels**.

Der Angriff	Die Technik	Ihre Antwort in Zukunft
„Sie haben die Strukturen hier noch nicht durchschaut."	übergeordnetes Ziel	„Das ist nicht das Entscheidende. Wichtig ist, dass ..."
„Arbeiten Sie doch mal an Ihrer Ausstrahlung!"	übergeordnetes Ziel	„Meine Ausstrahlung ist nicht das Entscheidende. Im Moment zählt nur, dass ..."

Bewahren Sie Haltung!

Grundsätzlich gilt: Je verschnupfter, humorloser oder verbissener Sie auf einen Angriff reagieren, umso mehr hat der andere etwas von seinem Angriff gehabt: Er hat Sie getroffen – und Sie zeigen es ihm deutlich!

Machen Sie sich bewusst: Manche Angriffe sind gar nicht als solche gedacht. Viele Bemerkungen Ihnen gegenüber basieren auf

Oft greift der Andere nicht bewusst an

- Unüberlegtheit des Angreifers, der gar nicht merkt, dass er gerade jemanden verletzt,
- schlechter Laune, die Ihr Gegenüber an Ihnen auslässt,
- Mangel an Sozialkompetenz,
- Selbstüberschätzung.

Behalten Sie Ihren Humor!

Machen Sie sich grundsätzlich klar, dass nicht Sie als Person angegriffen werden. Meistens liegt der Kern vieler unfairer Bemerkungen in der Sache selbst oder in den Problemen des anderen. Da hilft es Ihnen am besten, mit

Schlagfertig gegen den Angriff wehren

Humor oder zumindest einem Augenzwinkern zu reagieren.

Eine einfache Methode ist daher bei Angriffen und schrägen Bemerkungen die folgende:
- Lächeln Sie die Person freundlich an,
- gehen Sie auf den Angriff gar nicht ein und
- wechseln Sie das Thema.

Erkennen Sie Manipulationen!

Manche Bemerkungen wirken manipulierend auf andere. Wenn man Ihnen solche Sprüche sagt, sollten Sie hellhörig werden:

Die Bemerkung	Die Manipulation, die Sie dahinter vermuten könnten	
„Das bilden Sie sich nur ein."	Sie stehen jetzt da, als hätten nur Sie die falsche Wahrnehmung, die anderen aber nicht.	**Hier sollten Ihre Alarmglocken klingeln**
„Das habe ich so nicht gesagt."	Jetzt sieht es so aus, als ob Sie der anderen Person die Worte im Mund umdrehen wollten.	
Angesichts eines aufgeräumten Schreibtisches: „Na, nicht viel zu tun?"	Hier stülpt Ihnen jemand seine Wertvorstellung über, dass nur ein unaufgeräumter Schreibtisch großen Arbeitseinsatz beweise.	
„Ich helfe dir ja sonst auch immer."	Sie werden unter Druck gesetzt und in Zugzwang gebracht.	
„Wenn ich weiß, dass du das machst, dann kann ich mich darauf verlassen, dass das auch erledigt wird."	Sie sollen eingelullt werden. Man versucht, Sie mit Schmeicheln zu überzeugen.	

Sobald Sie merken, dass Sie manipuliert werden sollen, können Sie entsprechend reagieren. Entwickeln Sie ein

Schlagfertig gegen den Angriff wehren

Gefühl dafür, ob es sich wirklich um eine solche Beeinflussung handelt oder ob Sie das nur in eine Bemerkung hineininterpretieren.

Überlegen Sie sich jetzt einmal, mit welcher Technik Sie in den genannten Beispielen reagieren könnten:
- Unerwartet oder sogar übertrieben zustimmen?
- Rückfragen stellen?
- Eine Lösung in der Zukunft anbieten?
- Ein übergeordnetes Ziel benennen?

Gibt es Techniken, die Ihnen besonders liegen oder gefallen? Versuchen Sie es zunächst damit – später wagen Sie sich an weitere Techniken heran. Ihr Mut wächst mit jedem Versuch.

Zeigen Sie Grenzen auf, wenn jemand zu weit geht!

Es gibt Bemerkungen oder Angriffe, die ganz klar zu weit gehen. Diskriminierung oder sogar sexuelle Belästigung am Arbeitsplatz sind keine Kavaliersdelikte. Es wäre durch nichts gerechtfertigt, dass Sie sich solche Angriffe gefallen lassen. Und genau das sagen Sie dann auch!

So zeigen Sie Grenzen auf

Grenzwertige Angriffe	So können Sie galant reagieren	Oder Sie zeigen die Grenzen auf
„Sie wissen doch nichts vom Leben."	„Im Gegenteil. Ich bin bestens informiert."	„Das ist nicht der Ton, den wir hier gewohnt sind."
Augenzwinkernd, mit Blick auf Brusthöhe: „Na, ist dir kalt?"	„Aber hallo, kannst du bitte mal dem Hausmeister wegen der Heizung Bescheid sagen…?"	„Tut mir leid, aber solche Bemerkungen gehören hier nicht hin."

Schlagfertig gegen den Angriff wehren

Bereiten Sie sich auf die immer gleichen Angriffe vor!

Schlagfertige oder spritzige Antworten sind oft eine Frage der guten Vorbereitung. Das klingt erst mal paradox. Aber gerade in Ihrem Beruf als Sekretärin werden Sie sicherlich häufig mit Klischees konfrontiert – und das ist nur ein Beispiel für immer wiederkehrende Angriffe.

Übung macht den Meister

Um für das nächste Mal vorbereitet zu sein, sammeln Sie ab sofort derartige Bemerkungen und unfaire Angriffe.

Hier ein paar Beispiele:

- „Sie sind zu unerfahren, um das zu verstehen."
- „Kümmern Sie sich lieber um Ihre Angelegenheiten."
- „Na, Sie sind ja auch nicht gerade schlank!"
- „Sie haben ja schon wieder dasselbe an."
- „Typisch Frau!"
- „Schicker Ausschnitt!"

Schlagfertig werden Sie durch Übung

Nehmen Sie sich oben stehende Beispiele oder Ihre eigenen zur Hand – und üben Sie jetzt:

- Legen Sie sich die Techniken aus diesem Beitrag zurecht: unerwartet zustimmen, glasklar richtigstellen, rückfragen, Lösung in der Zukunft, übergeordnetes Ziel.
- Lassen Sie sich von einer Freundin oder Kollegin mit ihren gesammelten Sprüchen angreifen.
- Reagieren Sie mit einer passenden Technik.
- Lassen Sie sich von Ihrem Gegenüber beurteilen: Kam das überzeugend/selbstbewusst zurück?
- Je öfter Sie üben, desto leichter werden Ihnen die Antworten fallen. Also nutzen Sie jede Gelegenheit!

Schlagfertig gegen den Angriff wehren

Die besondere Situation: Aggressive Anrufer am Telefon

Schon wieder Herr Müller am Apparat

Beispiel:

Annette arbeitet als Sekretärin für zwei viel beschäftige Chefs aus dem Vertrieb einer IT-Firma und hat jeden Tag mindestens 20 Anrufer, die meist „sehr dringende" Anliegen haben und um sofortige Klärung bitten. Und ihre Chefs sind fast nie im Büro, sondern bei Kunden und sehr schwierig zu erreichen. Besonders anstrengend sind für Annette die uneinsichtigen und ärgerlichen Anrufer, die ihren Frust direkt bei ihr ablassen. So graust es Annette schon, wenn Sie zum Beispiel die Telefonnummer von Herrn Müller im Display sieht.

Annette: „Willkommen bei Data Inform, Sie sprechen mit Annette Schuster."

Herr Müller, sehr lautstark: „Das ist ja wohl ein Hohn, dass ich bei Ihnen willkommen bin! Es hat immer noch keiner bei mir zurückgerufen, weder Herr Fischer noch Herr Bauer. Und beide wissen, dass ich auf das Update immer noch warte. Sind Sie denn unfähig, das an Ihre Herren weiterzuleiten? Oder vergessen Sie auch, den Kaffee aufzusetzen?!"

Annette: „Nun regen Sie sich nicht so auf. Wie ich Ihnen bereits gestern sagte, sind Herr Fischer sowie Herr Bauer auf einer Tagung auswärts. Ich habe ihnen Ihre Telefonnummer an die Hand gegeben und ich kann auch nichts dafür, dass die sich noch nicht gemeldet haben."

Schlagfertig gegen den Angriff wehren

Das sagen wir dazu: Diese Reaktion von Annette ist unprofessionell und führt nicht zu einer Lösung. Herrn Müllers Laune wird sich durch Annettes völliges Unverständnis für seinen Ärger und die plumpe Rechtfertigung noch verschlimmern.

Unsere Empfehlung: Formulieren Sie positiv – ohne Verneinungen. Das Unterbewusstsein versteht Verneinungen nicht, also erreichen Sie mehr, wenn Sie ohne „nein" oder „nicht" formulieren! Mit dem Satz „Regen Sie sich nicht auf" würden Sie also das Gegenteil von Ihrem Wunsch erreichen. „Bitte bleiben Sie gelassen" wirkt besser und würde auch für Sie am anderen Ende des Telefons gelten.	**Positiv formulieren**

Mit dem Satz „Ich kann nichts dafür, dass die sich nicht gemeldet haben", hat sich Annette unnötig klein gemacht und dem Anrufer nur „Futter gegeben". Besser ist es, gleich hier aktiv zu werden: *„Ich kläre das für Sie. Bis wann kann ich Sie heute erreichen, Herr Müller?"*

Gerade die Namensnennung am Telefon unterstützt die Ansprache enorm und ersetzt sozusagen den Blickkontakt. Wichtigtuer möchten auf jeden Fall ihren Namen hören. Zu Beginn des Gesprächs signalisieren Sie Ihr Verständnis. So zeigen Sie Kompetenz.

So hätte sich Annettes Gespräch idealerweise angehört

„Herr Müller, ich verstehe sehr gut, dass Sie verärgert sind. Schließlich haben Sie sich darauf verlassen, dass Herr Fischer oder Herr Bauer sich bei Ihnen meldet. Das ist wirklich sehr ärgerlich.

Schlagfertig gegen den Angriff wehren

Um Ihnen so schnell wie möglich weiterzuhelfen, setze ich jetzt alle Hebel in Bewegung, dass Sie die Informationen erhalten, die Sie benötigen. Wäre das in Ordnung für Sie?

(Kurze Pause und Antwort abwarten)

Gut, dann mache ich das. Bis wann kann ich Sie heute erreichen, Herr Müller?"

Das sagen wir dazu: Wenn Annette ihre eigenen Nerven schonen und Herrn Müller so schnell wie möglich beruhigen möchte, ist es unerlässlich, dass sie Verständnis für dessen Ärger aufbringt. Ein einfaches „Es tut mir leid" wirkt nicht ehrlich und wird auch Herrn Müller nicht besänftigen. Außerdem wirkt Annette mit dem, was sie anschließend sagt, professionell und verbindlich.

Ihre Selbsterkenntnisliste zum Umgang mit aggressiven Anrufern

Testen Sie sich selbst

Prüfen Sie anhand der Checkliste auf Seite 91, welche Situationen Sie bereits souverän meistern und in welchen Sie noch besser auf aggressive Anrufer reagieren könnten. Selbsterkenntnis ist stets der erste Schritt, um noch besser zu werden.

Alle Kreuze, die Sie in der linken Spalte „meistens" machen, spiegeln bereits eine gute Basiskommunikation bei aggressiven Anrufen wider. Je mehr Kreuze Sie weiter rechts gemacht haben, desto ausbaufähiger ist Ihr Umgang mit schwierigen Anrufern. Bitte beachten Sie besonders die Punkte mit Ihren Kreuzen im rechten Feld bei „sehr selten": Hier sind Ihre Lernfelder deutlich.

Schlagfertig gegen den Angriff wehren

Selbsttest:

	meistens	häufig	manchmal	sehr selten
Ich nehme die Attacken nicht persönlich und konzentriere mich auf die Sache.	☐	☐	☐	☐
Ich höre gut konzentriert und geduldig zu.	☐	☐	☐	☐
Ich spreche den Anrufer bewusst mit seinem Namen an.	☐	☐	☐	☐
Ich biete eine konkrete Lösung beziehungsweise einen Rückruf an.	☐	☐	☐	☐
Ich habe Verständnis für den Ärger des Anrufers und drücke das auch aus.	☐	☐	☐	☐
Ich biete Meckerern an, alles zu notieren und weiterzuleiten.	☐	☐	☐	☐
Ich ärgere mich nicht über den Anrufer und bleibe gelassen.	☐	☐	☐	☐
Ich führe das Gespräch durch gezielte Fragen.	☐	☐	☐	☐
Ich zeige dem Anrufer, dass er ernst und wichtig genommen wird.	☐	☐	☐	☐
Meine Stimme bleibt klar und deutlich.	☐	☐	☐	☐
Ich fühle mich souverän und sicher, auch bei schwierigen Telefonaten.	☐	☐	☐	☐
Ich werte wichtige Informationen aus dem Gespräch hinterher in Ruhe aus beziehungsweise gebe sie weiter.	☐	☐	☐	☐
Ich verabschiede mich persönlich und individuell.	☐	☐	☐	☐

Absichten aggressiver Anrufer

Müssen Sie sich am Telefon alles gefallen lassen? Definitiv nein. Was ist das Ziel der aggressiven Anrufer? Zumeist wollen sie nur besondere Aufmerksamkeit und Wertschätzung erreichen.

Schlagfertig gegen den Angriff wehren

Aus seiner Sicht hat der Anrufer ein begründetes Recht, ärgerlich zu sein, und daher ist es wichtig, zuerst Verständnis zu zeigen und dann auf der Sachebene zur Lösung zu kommen.

Herr Müller sagt im Beispiel: „Das ist ja wohl ein Hohn, dass ich bei Ihnen willkommen bin! Es hat immer noch keiner bei mir zurückgerufen, weder Herr Fischer noch Herr Bauer, und beide wissen, dass ich auf das Update immer noch warte. Sind Sie denn unfähig, das an Ihre Herren weiterzuleiten? Oder vergessen Sie auch, den Kaffee aufzusetzen?!"

Herr Müller meint: „Ich habe ein Problem, und niemand hilft mir. Ich fühle mich allein gelassen."

Verständnis zeigen

Annette hat darauf mit Verständnis reagiert. Eine andere Möglichkeit, Verständnis auszudrücken, wäre diese Variante gewesen: *„Ich verstehe, dass Sie schnelle Hilfe benötigen, und selbstverständlich nehmen wir Ihr Anliegen ernst."*

Weitere Beispiele

Herr Schröder: „Wenn ich nach diesem Bockmist nicht bis heute Abend einen Rückruf bekomme, mache ich Sie persönlich verantwortlich! So eine Schlamperei kann doch einfach nicht wahr sein!"

Herr Schröder befürchtet: „Mein Problem ist für die da völlig unwichtig. Es geht einfach unter, es wird sich nichts ändern, und ich kann zusehen, wie ich das alles nun meinem Chef erkläre."

Ihre Reaktion

Annette könnte ihn so besänftigen: *„Ich kann Ihren Ärger sehr gut nachvollziehen. Sie müssen Ihrem Chef das ja irgendwie erklären. Ich kläre das jetzt erst einmal*

Schlagfertig gegen den Angriff wehren

für Sie. Bis wann sind Sie heute Abend zu erreichen, Herr Schröder?"

***

Herr Bode schimpft: „Sie haben doch überhaupt keine Ahnung und werden fürs Nichtstun bezahlt – ich warte schon ewig!"

Herr Bode denkt: „In meiner Firma arbeiten alle schneller als die da. Warum dauert das bloß so ewig? Mir läuft die Zeit davon."

Annette könnte so reagieren *„Es tut mir sehr leid, dass wir Sie haben warten lassen. Danke, dass Sie trotzdem noch Geduld haben. Was kann ich konkret für Sie tun, um Ihnen so schnell wie möglich weiterzuhelfen?"* | **Ihre Reaktion**

***

Herr Sauer poltert laut los: „Unmöglich! Ich sollte schon vor einer halben Stunde einen Anruf von Ihrem Chef, Herrn Barde, bekommen – haben Sie das mal wieder vergessen?"

Herr Sauer befürchtet: „Wenn ich dieses Telefonat nicht bis Mittag erledigt habe, bekomme ich einen Riesenärger."

Annette könnte so reagieren: *„Gut, dass Sie gleich zurückgerufen haben, Herr Sauer! Herr Barde hat in der Tat ein unvorhergesehenes längeres Telefonat. Möchten Sie in der Leitung warten, oder kann ich Sie nach dem Telefonat dann gleich mit Herrn Barde verbinden?"* | **Ihre Reaktion**

Lassen Sie sich nicht provozieren

Herr Schmidt schnauzt Sie an: „Sie alter Vorzimmerdrachen wollen mir doch einfach nicht helfen!" Sie könnten jetzt sagen *„Diesen Ton verbitte ich mir"* und auflegen.

Schlagfertig gegen den Angriff wehren

> **Unser Rat:** Auflegen bedeutet, verloren zu haben. Das Selbstwertgefühl und Ihre Professionalität als Sekretärin gebieten es aber, dass Sie souveräner reagieren: *„Herr Schmidt, ich möchte Ihnen sehr gern weiterhelfen. Lassen Sie uns gemeinsam eine sachliche Lösung finden. Unter welcher Nummer können wir Sie am besten erreichen, Herr Schmidt?"*

Ihre Reaktion — Wenn Sie das Gespräch ausnahmsweise nicht fortführen können, sagen Sie zum Beispiel: *„Wir sind anscheinend jetzt beide zu aufgebracht. Lassen Sie uns das Gespräch bitte vertagen."*

Klären Sie mit Ihrem Chef für alle Fälle ab, wann (persönliche Beleidigungen) und bei wem (die besonders strapaziösen Kunden sind Ihnen bekannt) Sie ein Gespräch abbrechen dürfen.

Herr Müller wird unverschämt: „Sie können einfach gar nichts regeln! Haben Sie Ihren Abschluss im Lotto gewonnen? Ich will jetzt sofort und endlich eine kompetente Entscheidung!"

Ihre Reaktion — Ihre Reaktion: *„Herr Müller, ich verstehe sehr gut, dass Sie jetzt und sofort eine Entscheidung brauchen. Und wenn ich das sofort könnte, würde ich das auch für sie tun. Wie gesagt, Herr Meyer ist gegen 15 Uhr wieder zu erreichen. Kann er Sie dann zurückrufen?"*

Praktische Tipps zur Schlagfertigkeit

Sie bedauern, dass Sie oft erst nach dem Auflegen von besonders aggressiven Anrufern schlagfertige Reaktionen parat haben, um bei Telefonaten gebührend Ihre Frau

Schlagfertig gegen den Angriff wehren

zu stehen. Diese Praxistipps helfen Ihnen, ab sofort schlagfertiger zu reagieren:

Reagieren Sie mit Humor!

Der Angriff: „Sind Sie so begriffsstutzig oder nur blond?"

Ihre Antwort: *„Wie nett, dass Sie auf mein Äußeres Acht geben. Lassen Sie uns nun auf der Sachebene zum Kern kommen."*

Ein anderer Angriff: „Sie haben als Neue doch gar keine Ahnung!"

Ihre Antwort: *„Neue Besen kehren gut. Was genau kann ich Ihnen erläutern, Herr Müller?"*

Ihre humorvolle Reaktion

Ignorieren Sie einfach Bemerkungen, die unter die Gürtellinie gehen, und fahren Sie im normalen Tonfall fort.

Der Angriff: „Sie wollen doch bloß nicht durchstellen und haben nicht den blassen Schimmer einer Ahnung, worum es geht und wie wichtig es ist."

Ihre Antwort: *„Herr Scharpe, wie erreichen wir Sie morgen am besten?"*

Die Gegenfrage hilft auch, Abstand zu bekommen.

Killerphrase des Anrufers: „Wenn ich Ihnen das sage, dann ist das so!"

Ihre Antwort: *„Haben Sie den Eindruck, dass ich Ihren Ausführungen keinen Glauben schenke?"*

Mit einer Gegenfrage beruhigen

Schlagfertig gegen den Angriff wehren

	Enttarnen Sie den Angriff und grenzen sich so souverän ab
	Der Angriff: „Haben Sie Betriebswirtschaft studiert oder ich?"
Mit Sachlichkeit beruhigen	Ihre Antwort: *„Herr Müller, Ihr Angriff führt nicht dazu, dass wir weiterkommen. Lassen Sie uns sachlich darüber reden, damit wir für Ihre Sache XY eine Lösung finden."*
	Nutzen Sie bei entsprechender Gelegenheit einfach mal Ihren Charme
	Der Angriff: „Dauert bei Ihnen eigentlich alles immer so lange? Das kann nicht wahr sein!"
Ihre charmante Reaktion	Ihre Antwort: *„Herr Müller, wir kennen uns nun schon so lange, und Sie wissen doch, dass ich alles für Sie tue, was in meiner Macht steht."*

Ihre Checkliste zum gelassenen Umgang mit aggressiven Anrufern

Sprechen Sie den Anrufer mit seinem Namen an.	☐
Zeigen Sie Verständnis.	☐
Rechtfertigen Sie sich nicht, formulieren Sie positiv.	☐
Bleiben Sie gelassen und denken Sie gut über den Anrufer.	☐
Stellen Sie Fragen zur Erreichbarkeit oder zum Zweck und führen Sie damit das Gespräch.	☐
Lassen Sie sich nicht alles gefallen und probieren Sie bei besonders aggressiven Anrufern unsere Tipps zur Schlagfertigkeit aus: • Reagieren Sie mit Humor. • Ignorieren Sie dumme Bemerkungen. • Stellen Sie geschickte Gegenfragen. • Enttarnen Sie den Angriff. • Kontern Sie mit Charme.	☐ ☐ ☐ ☐ ☐